探寻远去的文明

Tanxun YuanQu De Wenming

唐光明 著

中山大学出版社
SUN YAT-SEN UNIVERSITY PRESS
·广州·

图书在版编目（CIP）数据

探寻远去的文明/唐光明著.—广州：中山大学出版社，2013.12
ISBN 978-7-306-04729-8

Ⅰ.①探…　Ⅱ.①唐…　Ⅲ.①文化史—甘肃省—通俗读物
Ⅳ.①K294.2-49

中国版本图书馆 CIP 数据核字（2013）第 255640 号

出 版 人：徐　劲
策划编辑：曹丽云
责任编辑：曹丽云
封面设计：曾　斌
责任校对：杨文泉
责任技编：何雅涛
出版发行：中山大学出版社
电　　话：编辑部 020-84111996，84113349，84111997，84110779
发行部 020-84111998，84111981，84111160
地　　址：广州市新港西路 135 号
邮　　编：510275　　传　真：020-84036565
网　　址：http://www.zsup.com.cn　　E-mail:zdcbs@mail.sysu.edu.cn
印 刷 者：广州家联印刷有限公司
规　　格：787mm×960mm　1/16　14.5 印张　240 千字
版次印次：2013 年 12 月第 1 版　2013 年 12 月第 1 次印刷
定　　价：29.80 元

前　言

在母亲把我送进学堂门之前，对于未知与神奇的世界，我充满了敬畏。不仅如此，在偏远的湘西南山村里，我的父辈们还信仰着万能而神奇的诸天神佛，敬畏着孕育世界的自然万物，他们谨小慎微地生活在山岭下、小河边，耕作在田野里，并时常祈祷诸神保佑，忏悔过错。

每次经过百年大树底下，我们都不敢高声话语，唯恐惊动神灵而被惩罚；每次经过偏僻的树林，惊悚的鬼神故事，总让我们胆战心惊，唯恐自己不小心的过失在此被惩罚，因而默默祈祷平安路过。最难忘记每次杀鸡宰鸭款待客人时，总听到母亲嘴里默念"天杀你，地杀你，不是我杀你"的生态食物链祷告。

父辈的教诲中，许多事例让我印象深刻：吃饭时，母亲警告不要掉饭粒，否则会遭雷劈；处世时，父辈们告诫多行善事，否则会遭雷打。在他们的眼中，雷神是上天惩罚劣迹的代名词。

走进学堂之后，我和其他孩子们一样，逐渐长大，也和许多孩子一样，对于神奇而未知的世界不再敬畏，对于那漫天神佛也不再恐惧。不仅我是如此，和我一起长大、一起变老的人们也变成这样。慢慢地，我发现，世界变得苍白，河水变黑，大地空洞，苍天暗淡。

为此，我开始探寻其中的究竟，找寻心中的敬畏。

沿着生活轨迹，从中国西南乡村到大西北城镇，从繁华喧闹的沿海城市到文明鼎盛的都市，我奇怪地发现，父辈讲述中的雷神消失了。不论是生活在高楼大厦里衣冠楚楚的达人，还是居住在城镇中的人们，都没有了谨小慎微的人生与生活，人们甚至肆无忌惮地狂欢着、嘶鸣着，在世间狂奔或

"裸行"。那一丝还没有完全逝去的良知，成为少许殿堂里的供奉物、博物馆内的标本。

于是，我带着儿时父辈的教诲，背负着父辈对神佛与自然的敬畏，一路苦苦探寻，寻找精神家园。沿着远古人类生存的森林的踪迹，沿着麦田中掩埋的陶石火耕灰土层，沿着长城烽燧的遗迹，仰望着崇山峻岭上雕刻的石像的断臂残肢，我寻找着先人的生活轨迹与图腾敬仰；沿着秦汉古国边疆的烽燧，拾起坠落的锈戟残剑，我试图探寻与感受秦关汉月的坚毅与渴望；品味着丝绸路上的异域风情，抚摸着五代十国的雕刻泥塑残骸，我企图追问人们顶礼膜拜的敬畏。

深夜里，我徘徊在灯火辉煌的街头，探问过沙漠般的城市生存规则；彷徨于灯红酒绿的交错里，我追问着图腾敬仰的传说。从数千年前的人类痕迹，远逝的森林、大河，到如今林立的钢筋水泥，不论是神经麻木、良知泯灭的个体，还是残留的时代遗迹，掺杂在字里行间的痕迹，一直都在挣扎着证明：华夏民族的敬畏已经成为千年的绝叹，华夏民族的精髓已经沦为传说。虽然，这一切曾经存在于世间。

尽管，怀中的希望之火，在一个又一个被荒弃的遗迹中逐渐变暗，但心中的渴望，却在一个又一个时代残骸中变得愈加浓烈。从黄河中上游涓涓细流旁，到奔腾狂欢的大海边，我一直期望找到神奇力量的痕迹，希望找到父辈讲述的神奇的传说、我们种族的力量。

我不肯放弃。

追逐，再追逐，探寻，再探寻，从东到西，从南到北。我无数次地追寻与探索，这看似存在，却又好像虚无的敬仰。

经过仰韶时期的马家窑陶具工坊，我仿佛听到了陶罐上的图腾欢呼与残片呻吟；这声音交织成先人们的叹息。穿过刘家峡水库的石窟，掠过敦煌石窟时，我看到了残缺的佛像与飘忽的信仰，在水上与空中狂舞；飞舞的影子像一条条抽来的鞭子，抽打在我的心间、灵魂上，痛彻心扉，抽打的痕迹刻骨铭心。经过缥缈的蓬莱仙境时，我被避世逃离的涌涌人群所惊骇，他们萎缩的身影上书写着惊惧与彷徨，不论是对于生老病死，还是君亲师友，他们均是慌乱地对峙着，恐惧着逝去，彷徨着未来。

数不胜数的折磨，将我的热情逐渐扑灭；不胜枚举的残迹，将我心灵刻画得伤痕累累，使我被眼泪浸泡的双眼变得冷峻而刚毅，也将我被风蚀的脊

梁吹得更加坚强。因为，在历代先贤的足迹中，我看到追逐者艰辛中的坚毅，探寻者千万里不弃的痴迷，还有慷慨殉道者面庞的微笑与心灵的嘶鸣。细细观察、琢磨，不论是秦关汉月的冷峻，五代十国的纷乱，还是唐歌宋胭的雕刻，不经意间，我们都会看到其中的执着。尽管时代前进中的阻挠与杀戮是那么惨烈，但悲壮的故事一样流传于世。

在如今城市钢筋水泥林立、“布匹怪兽”横行的世界，我只有落寞地坐在狭小的阴暗角落里，冷眼看着一个个达人、贵族、巨贾“裸奔”在城市森林与经典殿堂中，荒诞的故事在轮番演绎：一个个扭曲与异样的灵魂，在城市中狂欢、长啸；卑鄙与贪婪的面孔，交织成不堪的生存画面；暴虐与无忌的手段，构建起践踏生态的铁蹄。破坏、毁灭、抹杀中，信仰、敬畏、安宁不复存在。

面对这些，我不能自已，唯有在无眠的深夜，用笔墨刻画下这一个个“裸奔”的身影，一处处“裸奔”的场景，一串串“裸奔”的行径。做这样的记录，我并不奢望可以改变什么，只希望用一些可以鞭挞碎裂灵魂的故事，告诫后来者，敬畏与神奇并非传说。幽幽叹息声虽有些杂乱，但依然希望能唤醒沉睡已久即将醒来的人们。

或许有一天，雷神还会来证实存在的必要。

或许有一天，善良还会洋溢着存在的幸福。

或许有一天，良知还会袒露着存在的安宁。

或许有一天，敬畏还会在庙堂端坐，接受顶礼膜拜。

或许有一天，这一声轻叹能证明追逐者、探寻者、殉道者的不息追求。

目　　录

探寻陇右文明

寻找失落的文明

守望文明

寻根谒祖

探寻陇右文明

相传，黄河中上游是华夏“人文始祖”的出生地、黄帝的诞生地、周祖文化的起源地、秦始皇的祖籍地……这里有我国最早的文字、医学、农业、车辆，是人类文明的发祥地之一。由于年代久远，很多文明成为传说或神话故事。为探寻辉煌的甘肃历史文化，我怀着虔诚与敬畏之心，背着行囊开始了追寻文明的旅途，探秘伏羲、女娲、轩辕氏的诞生地，探秘周祖文化、先秦祖陵，探秘多民族融合的陇右大地。

马家窑彩陶：呐喊的“国画灵魂”

1923年一个乍暖还寒的日子，黄河刚开始解冻，一个微胖的外国人骑着马沿黄河而来，在烦嚣的兰州闲逛一圈之后，他又穿城沿黄河而上。他来干什么？没有人知道；他要去哪里？也没有人关心。

往　事

到甘肃临洮县后，这个外国人向临洮县北洋政府有关部门亮出了他的身份——J. G. 安特生，瑞典学者，中国北洋政府农商部聘请的矿政顾问。然而，这个学者、顾问，却只对流散在乡村的一些彩色陶罐感兴趣。

马家窑彩陶

他继续在集市闲逛。集市中，一个不起眼的陶罐引发了他的兴趣。于是，他在临洮发出收购的消息：一个彩陶罐5块“白元”（银元）。他盘踞在旅店里，一面收购彩陶，一面打听彩陶的来源。

当他得知彩陶就是从临洮不远的马家窑出土后，依据多年野外发掘文物的经验，他判断，这里一定有一个甚至几个彩陶制作作坊，甚至，中华民族文化的根源乃至起源，有可能就在这黄河的中上游。

安特生利用特殊的身份，找到当地北洋政府有关部门，要求组织人员配合他的挖掘彩陶的行动。

对于这些早就流落在乡村的陶罐，北洋政府根本不关注，对于“洋大人”（对安特生的称谓）的要求却丝毫不敢怠慢。于是，按照要求发动临洮县师范学校的学生，在洮河西岸马家窑村附近的一个山丘上开始了挖掘，之后，又在临洮的辛店、寺洼挖掘彩陶。

这位“洋学者”一边告诉学生们怎么在野外挖掘彩陶才能使其不被破坏，一边讲述着这些彩陶的历史。他说，这些彩陶是祖先遗留下来的宝贝，有很高的艺术价值。依据河南仰韶村发掘文物的惯例，安特生给这些彩陶命名为“马家窑文化”、“辛店文化”、“寺洼文化”。

之后，他将挖掘的彩陶运回临洮县的基督教堂保存，5 个月后，几处出土彩陶的作坊接近枯竭，只剩下一些没有观赏价值和研究价值的素陶，安特生这才结束挖掘，用麻袋将这些彩陶装好，雇了 30 匹骡子，开始搬运彩陶。没有人干涉，没有人质问，安特生花了 30 天时间将我们祖先遗留的这些宝贝彩陶运走了。之后，他将彩陶赠给了远隔重洋的瑞典远东文物博物馆，并出任博物馆馆长。

“他说，这些都是中国人的祖先遗留下来的宝贝、真正的宝贝!”92 岁高龄的魏廉清老人说。他就是当年曾参与安特生挖掘、搬运彩陶的临洮师范学校的学生，他见证了当年的一幕幕。

或许是多年的牵挂吧，每当提及这段往事，魏廉清老人就滔滔不绝地讲起当时的场景：一双双枯瘦的手接过一块块“白元”之后，一袋袋彩陶由一匹匹骡子运走。当时，没有人知道这些东西有多少价值，也没有人出面干预安特生的行为，甚至地方政府都不知道他要做什么。

于是，在千里之外的远东博物馆有了中国的彩陶，中国国画的根源、灵魂，代表马家窑文化的彩陶。

遭　难

J. G. 安特生在马家窑村发掘的彩陶，制作精美、图案丰富，被考古学者认为是仰韶文化的后期作品，同时也被考古界称为“甘肃的仰韶文化”。

但这并没有引起当时的北洋政府关注。直到新中国成立后，政府部门对马家窑文化遗址进行考察，才在遗址竖立了保护标志，并在遗址的东、南、西三方竖立了 190 多个护界桩，在临河处栽了 40 多棵柳树，不仅是为了防止人为破坏，而且也希望能预防山洪冲刷。

马家窑文化研究协会秘书长王学仁先生说，安特生发掘彩陶时，齐白石的画也就一个白元（银元）一幅，而彩陶的价格却达到了 5 个白元，由此可见彩陶的价值。尽管安特生发掘了彩陶，并给彩陶命了名，他却将大量的珍贵彩陶运出国境，因此，对于他的行为，人们至今褒贬不一。

记载几千年前人们生活、文化、社会发展的彩陶就这样被挖掘，就这样被运到异国他乡，是当时的人们没有保护意识，还是没有意识到彩陶的价值？直到近代，彩陶依然被当地人们在平地中偶尔挖掘到，且被打碎了很多，只因被当作生活容器，才得以保留了一些。

改革开放后，人们知道了（陶器）文物的价值很高，于是一些人就开始了偷窃、贩卖。整个马家窑、辛店、寺洼遗址，尽是被人挖掘的痕迹，素陶、彩陶的碎片遍地都是，走私贩卖陶器在这一带十分猖獗，大量的文物被偷运出境。

精美彩陶

如今，司法制度日渐完善，文物走私出境的现象也逐渐减少。而有部分先富裕起来的人被精美的彩陶所陶醉，开始收藏彩陶，从而又促发附近村民的偷窃。这样，一些文物又流失到了沿海发达城市，遗址里的彩陶越来越少了。

行走在作坊遗址附近，在不经

意间就会发现一些细小的洞、眼，看似蚂蚁类小虫的穴居，其实就是村民在山上探测文物后遗留的痕迹。

争　　议

对于安特生发掘马家窑文化古迹、将珍贵彩陶运走的事实，社会各界颇有争议。

王学仁先生说，安特生的作为有两重性。一方面，他发现了马家窑文化，使得今天的“甘肃仰韶文化”灿烂无比，让西部古文化复活；另一方面，发掘古迹的同时，他又违反了国际法度的准则，将一些极其珍贵的彩陶等文物贩卖、偷运出中国，给我国古文化遗产造成了极大的损失，其行为属于偷窃。值得一提的是，在考古之初，安特生曾经提出东方文明是从西方迁移而来，经过一番考察、挖掘，事实证明了他的论调是错误的。

那么可否提出质问：安特生是不是打着“研究和发掘”的幌子偷窃我国文物呢？

在考古界也有人认为，J. G. 安特生本人在中国发掘、考察文物古迹的行为，是北洋政府认可的合法行为，其间他的研究和发掘，给我国考古界作出的贡献是无法估量的。也可以说，没有包括安特生在内的外国考古专家，就没有今天中国古文化的灿烂；而如果没有他的发掘，就没有今天的马家窑文化。虽然，他是将一些珍贵文物运出国界，但在他发掘文物古迹时，有关部门并没有明确规定发掘的文物不能运出国。所以，以前有人以“文化骗子”指责安特生也是有失公允的。

那么，安特生其人究竟是一个正直、有高尚情操的学者，还是打着学术的幌子搞偷窃的人呢？我走访了相关部门、专家以及研究者，但没有人能够明确地告诉我J. G. 安特生是一个怎样的人，是北洋政府聘请的地质专家？考古专家？还是盗贼？

我不知道。

安特生的中国之旅

之后，我借助网络的力量，在各种网站上搜索到安特生在中国的工作职务（职责）、工作目的（工作实质）及其他。

●19 世纪末期，德国医生哈贝尔在北京一中药店里买了许多“龙骨”

和“龙齿”，送给古脊椎动物学家施洛塞尔教授研究，其中有一颗既像人齿又像猿齿的牙齿引起世界各国学术界专家的关注。

●1914 年，瑞典地质学家 J. G. 安特生应中国北洋政府邀请担任农商部矿政顾问，开展煤田以及矿产资源的调查，但是，他念念不忘在欧洲时就知道的中国的“龙骨”。

●1918 年 2 月，J. G. 安特生在北京周口店附近的鸡骨山发掘，找到很多啮齿类动物和食肉类动物的化石。

●1920 年冬，J. G. 安特生派地质调查所采集员刘长山到河南仰韶村采集化石，发现石器标本。

●1921 年，得到北洋政府批准，安特生同中国地质学家袁复礼等 5 人到仰韶村发掘，经研究确认了新石器时代“仰韶文化”遗址，开启了中国田野考古学的先河。

●1923 年，J. G. 安特生在甘肃临洮发掘了代表马家窑文化的彩陶，以及寺洼、辛店等文化古迹。

●1925 年，J. G. 安特生回到瑞典，不久出任瑞典远东文化博物馆馆长，同时，该馆陈列出一系列代表仰韶文化的彩陶。

●1927 年年初，中国地质调查所和外国学者们有了发掘考古协议书，协议规定：发掘所得的一切化石标本和文物都归中国所有，不得运出中国。

马家窑彩陶：呐喊的“国画灵魂”

2003 年 6 月 4 日，这是个平常的日子，临洮县的民间组织“马家窑文化研究协会”（以下简称“协会”）被评审为“省级古文化研究协会”，这意味着马家窑文化的研究迈上了一个新台阶，一个民间组织得到了社会的认可。

协会的同志欣慰地告诉我，经过多年的研究及美术界的认可，代表马家窑遗址的就是先民生产制作陶器的作坊，马家窑彩陶是仰韶时期贵族文化生活的代表，是中国国画的根源、灵魂。

协会会长王志安、秘书长王学仁介绍说，为了保护和研究以马家窑文化为首的一系列甘肃“仰韶文化”，1997 年，临洮县一些爱好文艺的老人自发组织成立了马家窑文化研究协会。

近年来，协会不断壮大，由几个人发展到 100 多人，其中有不少专家、学者和热心人，他们一起收藏、研究、保护马家窑文化的代表性载体——彩陶，并出版了近10期内部期刊，发表研究成果，向学术界、学界传递信息。马家窑彩陶是仰韶时期最具有代表性、丰富性、生活性的文物，既是仰韶时期贵族生活的象征，也是仰韶时期的文化代表。

这个民间协会自成立以来，默默无闻地研究着马家窑文化，尽最大努力使彩陶不再流失外地，不仅有效地制止了走私贩卖，也向当地人宣传了马家窑文化的重要性和保护它的必要性，使当地人普遍有了保护文物的意识，同时也使马家窑文化得到了保护和研究。

王会长说，成为省级协会后，他们将进一步弘扬马家窑文化，结合市场经济开发文化产业，促进当地经济发展。

王志安先生在期刊上这样介绍彩陶：“仰韶文化以陶器著称于世，从大地湾文化开端，经历了4000多年的发展过程。马家窑文化就是仰韶文化的巅峰，书写了人类文化史辉煌灿烂的篇章。彩陶上体现了远古人类的社会生活，每一副绘画都是当时社会物资和人物活动的结晶，对研究远古人类的物质、精神文化生活，发掘中华民族文化的根源，指导现在生活的发展方向，有着重要意义。”

几名专家在欣赏彩陶

依据期刊的描述，彩陶器继承了仰韶文化庙底沟类型的风格，造型优美，花纹图案以简洁明快的色彩、飞动流畅的笔触、柔美多变的弧线，绘于橙红色陶器之上，绚丽多姿。

这些陶器有盆、钵、碗、瓮、壶、甑、瓶、盂等。彩绘图案有反映图腾崇拜和祖先崇拜的蛙纹、鸟纹、人形纹，有反映农耕时代采获的动植物的草叶纹、禾穗纹、豆瓣纹、种子纹、锯齿纹、葫芦纹、鱼纹，有反映大自然的流水漩涡纹、水波纹、起伏山川纹，有反映社会活动的舞蹈踏歌人形纹，有具文字雏形的“田”字纹、“十”字纹、“米”字纹、手印纹等符号纹饰。

可以说，彩陶不仅是先民们（公元前5000—前3000年）的生活用品、物质财富，也是一种造型艺术和精神文化产品，是一部记载先民们的审美情趣，以及当时物质生活、精神生活乃至社会活动的史诗。

王志安先生告诉我，从绘画的角度看，其组合通过平行、对称、二方连续、四方连续、旋转等表现手法，使彩绘的点、线、面形状各异，间镶互错而疏密得当，虚实相衬而对比强烈，图案繁华而有条不紊，造型夸张而不失严谨，从而达到图案饱满和谐、繁而不乱的艺术效果，从不同的角度观赏器物，均能看到美丽完整的图案纹饰，获得绚丽多彩的视觉效果。

书画界专家认为，马家窑彩陶的书画线条流畅，笔法细腻，画面生动活泼，主题鲜明；追根溯源，现在国画的立意，画法、画面的展示，都来源于马家窑文化。

探　寻

2003年6月7日，在临洮县文化局、博物馆以及马家窑文化研究协会等单位的人员陪同下，我们沿着滔滔洮河，乘着一路清凉，来到临洮县城西南约10千米的巴马峪沟口北侧的马家窑遗址。

同行的人介绍，这里俗名叫巴郎坪和瓦家坪，东北面大约1000米处，就是西坪乡的马家窑村。山脚小溪不远处有片百米宽的农田，峪坡的南坡陡峭，山丘下的遗址保护界桩历年受山洪冲刷而变得东歪西倒，不仅原有的10米厚的红壤层不断塌落，就连国务院竖立的保护牌有些也被洪水卷走。眼见山洪冲刷的痕迹，文化层的损失可想而知。

沿羊肠小道而上，路边竖立着一块写着“省级文物保护单位”的标牌。走进庄稼地，几位同行的人熟练地找到了几处文化层。

王会长介绍说，裸露在外的红黏土层厚达10米，是制作陶器的良好土壤，也可以证明这里曾是陶器作坊。

临洮县文化局、博物馆的同志也说，现在保护区内的地表，是马家窑村村民承包耕种的农田，几十年来时常有陶片出土，来这里的人常能捡到精美陶片。

我看见，因长期受山洪的侵蚀和冲刷，遗址沿河的一面已经成了高约10米的垂直峭壁。

在遗址上，几位专家一边介绍马家窑文化的特性，一边介绍当年瑞典学者J. G. 安特生在临洮发掘马家窑彩陶的经过。

专家说，由于彩陶是在马家窑遗址发掘的，故被命名为“马家窑文化”。马家窑彩陶是仰韶文化的精华，是新石器时代晚期的贵族文化。彩陶制作精美，是先民们当时物质生活和精神生活乃至社会活动的记载，可以说，马家窑彩陶是国画的根源、灵魂。

王会长介绍，为了更好地研究、保护马家窑的彩陶文化，他们的协会建立了一个彩陶博物馆，到笔者采访时，已收集彩陶1000多件。

保　护

寻访遗址后，我们来到马家窑文化研究协会的彩陶博物馆。协会原秘书长罗明孝先生告诉我，这个彩陶博物馆的文物实质是由临宝斋商行主人、协会会长王志安先生个人出资收藏。

鉴赏彩陶

协会成立之前，王会长只是一边做生意，一边收集、研究彩陶。协会成立后，他不仅把自己所有的彩陶拿出来供研究，还用自己商行的资金搞彩陶研究、收集，支持协会发展。《马家窑文化源流》是研究会的内部交流刊物，每年一期，主要刊登协会对马家窑文化的研究成果；除了在社会上募捐到上千元经费外，其余的1万来元经费都是王会长从自己的商行支出；此外，到外地展出彩陶，进行学术交流，和外地专家来往交流，以及一些会务开支，都是由王会长出资。

据了解，协会所在的楼房、彩陶博物馆，都是王会长个人贷款修建的。近几年，为研究、收集彩陶，支持协会发展，王会长投入资金100多万元，其中银行贷款就有60多万元。

2002年是王会长投入资金最多的一年，仅4月份就投入近10万元收集

彩陶。对此，老伴少不了唠叨：家中负债累累，还收集什么彩陶？面对老伴的唠叨，王会长只有信誓旦旦：“我再也不收集彩陶了。”可是每次听说有彩陶要流失时，王会长又毫不犹豫地掏出钱购买。

罗先生说，现在协会打算让会员每人每年缴2～5元的会务费，以补贴每年的协会开支，但是要填补收集、研究、展示彩陶文化底蕴的资金缺口，可能还需要王会长掏私人腰包。

面对彩陶博物馆以及收藏的1000多件价值不一的陶器、近10本研究彩陶的成果，我不禁要问：王志安先生作为生意人，为什么要收集这么多的彩陶呢？

这还得说说王志安的故事。他从小喜欢美术，对彩陶的图案和笔画有着一种眷恋。“马家窑文化是中华彩陶艺术之奇葩，其美丽的色彩、流畅的线条所传达出来的信息，给人以灵感，让我在书画创作中受益颇多。”王志安说。

王志安认为，马家窑彩陶是祖先遗留的不可再生的精神文化财富，对弘扬祖国优秀文化传统、振奋民族精神，有着不可替代的作用，而且有着永恒的艺术感染力；作为临洮人，他能保留多少，就应该保留多少。

展　示

现实中，由于对马家窑文化宣传不够、展示不够，马家窑文化正处于一种“墙内开花墙外香”的局面。

一些知名的学术人士不远千里来临洮参观、研究彩陶；但在临洮县，马家窑文化却是鲜有人知的，就连马家窑镇附近的居民也所知甚少，只知道彩陶能卖钱。

1997年，马家窑文化研究协会成立后，为了展示马家窑彩陶，协会以马家窑文化为主线，以洮河奇石、书法作品、人文历史、民间艺术四个方面为副线，先后参加了在上海、天津、河北、河南（洛阳）、宁夏以及甘肃的兰州、定西和临洮等地由相关部门举办的学术交流会或作品展览会。所到之处，前来参观者络绎不绝，在国内产生了广泛影响。

2002年4月，在上海著名文物鉴赏家、收藏家谢冷梅先生的文苑收藏鉴赏会上，马家窑彩陶引起了与会者和谢老先生的极大兴趣。

同年，在天津举办的展览会上，他们共展出彩陶40件，参观展出的各界人士无不为马家窑文化的魅力所倾倒，当地文联的一位文化工作者感慨地说："以前我们在书本上只看到马家窑文化的介绍，未见过实物；今天见到这些真品，想不到我们的祖先在5000年前就造出如此精美、如此丰富多彩的彩陶，真是令人大开眼界、大饱眼福！"

时任甘肃省参事室主任的魏武峰、参事水天达等人参观彩陶博物馆后都表示，这里的彩陶展品藏量之丰富、品种之齐全，为全省少有，也反映了这里文化人的历史责任感。研究协会工作卓有成效，精神可贵。

在沈阳世博园绘制彩陶

尽管定西地区曾明确提出要以马家窑文化为龙头，发展经济，但是由于经费不足等原因，协会没办法与各界交流、到各地展览，马家窑文化的发展受到制约。

开　发

为了弘扬马家窑文化，发展以文化为龙头的经济，马家窑文化研究协会曾经拟出一个保护马家窑遗址、发展经济的方案，但是被有关部门搁置。

2000年，协会与县内一家企业合作办了一间"马家窑古酒"厂，由厂家生产白酒，协会提供彩陶赝品作酒瓶，一时间走俏市场，不仅市价卖到660元1盒（两瓶250克装酒），还被当地人视为地方特产。

王学仁先生说："当时购酒者谁不是看中了酒瓶好？谁又不是以此为地方特产赠人？结果一年不到就关闭了，主要原因就是没有相关部门的支持。"

"除此之外，我们还复制彩陶，这也是一种发掘彩陶的手段。"王志安先生说。他认为，原始彩陶的艺术价值以临洮县马家窑文化为代表，其制作技术、工艺、操作程序和绘画技巧存在很高的难度。普通黄土（不含钙质和钾质）加油沙及含镁的石粉末，或是采用精细澄洗的陶土，经过慢轮修整、表面研光后烧成陶器。因为含铁量在10%以上，所以烧成后的陶器呈黄色或红色，加上天然的赭石、红土或锰土，就形成红色或白色的陶衣。复制彩陶的重要一环，就是彩绘纹饰图案必须准确逼真，力求造型与彩绘达到完美。

为此，要着力探索古代先民的施彩规律、程序，并照此原则环环相扣、一丝不苟，方可完成彩陶的复制工作。

近年，协会将一些复制的彩陶用于赠送和交流。在2001年的兰州贸易洽谈会上，复制的彩陶大受欢迎，其价格也由60元哄抬到600元。

期　盼

对于马家窑文化研究协会的这些临洮县的退休老人来说，政府对马家窑文化发展的关注，是他们多年的期盼。

正如王学仁先生所说，协会原本希望得到有关部门的扶持，打算滚动发展、分期投资1000万元修建一所彩陶博物馆，作为临洮马家窑文化与社会接触的载体，但是，由于没有土地而成空想。

马家窑文化不仅是临洮的财富，更是甘肃的特色文化，是不可再造的财富。为了宣传马家窑文化，协会成立了一支老年秧歌队，以马家窑文化为题材编了些歌舞，在临洮、兰州各地演出，以达到宣传的效果。但是，很多时候协会总感到力不从心。

王志安先生说："马家窑文化和代表它的载体——彩陶，从图画欣赏到商业价值运作，都有着许多发展的潜力，希望更多的有识之士关注，或加盟马家窑文化的开发，为现代经济建设和文物保护作贡献。"

［采访手札］

跋涉于临洮的山谷与河滩之间，穿梭于古代与当代、现代文明之间，每一个时代文明的沉重，都足以让我窒息，每一个时代文明的疼痛，都足以让我刻骨铭心。

站在山川之间，我仿佛又听见了安特生搬运彩陶远赴异国的驼铃声、步伐声、汽笛声，仿佛又听见搬运工们的喘息声和叹息声，这些声音在我的耳边久久回响。

我不知道北洋政府给了安特生什么特权，也不知道安特生来华的真正目的，我只看见当年安特生组织人员挖掘文物的痕迹，看见电视里出现的彩陶和被强盗抢掠的我国的文物陈列在一起。

在空旷之中，在冷风之中，我仿佛听见了彩陶的叹息声、哭泣声，仿佛听见先人们在呵斥着什么，仿佛看见制造彩陶的先民含着眼泪用他们的刀、笔在刻画着什么，仿佛看见他们挥舞着他们记事的绳子向我们抽来。

于是，心开始淌血，疼痛的感觉一次又一次地刺痛神经。

（写于 2003 年）

寂寥“第一瓦”

“上无片瓦”是我国人民自喻处境贫寒的一个俗语。但是瓦从何而来，何时有瓦的呢？很多人并不知道。我懂事时，老屋都是用树皮与茅草盖的。一条又一条的树皮搭成一张又一张的披盖，然后一层压着一层，搭建在屋顶。在我们农村人的眼里，屋顶盖上瓦，那是富裕人家的炫耀。拥有“瓦”一直是平常人家梦寐以求的事情。其实人们不知道，早在3900多年前，瓦的概念与形态就已经存在。

甘肃省平凉市灵台县出土的一片筒瓦，揭示早在3900年前，我国先民就已经居住在瓦房里了。专家断言，这片普通而不平凡的瓦片，可能是我国历史上的第一片瓦。

如今，当时出土筒瓦的现场、生产瓦片的作坊，已经变成荒山野岭。我们多次前往考察，依然丝毫看不出这里就是如此珍贵文物出土的古迹遗址。但我们不能不信，这乱土堆与野草坪，就是这瓦片延续数千年的根源与基础。

“这片瓦是3900年前制作的”

“近日，有关专家将这片瓦送到上海，用先进的仪器探测出瓦片内释放出的热能来自3900年前，依据专家的推测，这瓦片很可能是我国历史上最早的瓦片。”灵台县博物馆馆长王忠学说。他还介绍，发掘的瓦片又叫筒瓦，是手工制作成筒形，然后用木片或其他物件分割而成；其外形虽然粗糙，但是工艺很是精致：瓦的两个末端一端有泥栓，一端有漕眼。搭建房屋摆放瓦片时，漕栓勾挂，瓦片不仅不会在风雨中滑动，还能防雨。虽然这筒瓦已被鉴定是3900年前制作的，但是，“中国最早的瓦片”的名称，可能还不属于它。

我在灵台县博物馆看到了这片让人感觉斐然的瓦片。博物馆很小，设施简单，和很多县市一样，这是最为简陋的公共场地，远不能与税务大楼、行政大楼相提并论。

简单了解了我的身份之后，博物馆馆长带着我一同感受了与现代社会相距数千年的世界。馆长厚厚的眼镜片与深邃的语言，让我感觉到原来可以如此触摸远古。

穿行在远古生物化石的壁柜，世间罕见的野兽赫然跃进眼帘，洪荒时代刀耕火种、物竞天择的残酷，仿佛就在柜内展现。虽然一根根獠牙、一条条肋骨，经过火山岩浆的骤然燃烧，再经过数十万年的填埋，变成了石头，但丝毫掩盖不了竞争中杀戮的凶性。

这不，寂寥的残瓦，就是人们对残酷现实惊恐的体现。寂寥的瓦片虽然残缺，但充满人类的智慧。我们可以想象衣不蔽体、食不果腹的时代，自然竞争中，暴雨、冰雪来临时人们的惊惧与惶恐，而这些，仿佛在瓦片上呈现。

筒瓦旁边是一组与这块3900年前的筒瓦并排放的漕瓦。这组漕瓦由三片瓦组成，瓦呈凹形，两片并列，一片子瓦凹复扣中间，而两片母瓦的前后不仅有漕轴，还有一个用来拴连瓦片的窟窿。由瓦片可见，不论是古代还是现代，人们对于居住场所的设计与构思，可谓煞费心思。也可以想象几千年至今，“大庇天下寒士俱欢颜”的设想一直存在，当然也总是难以实现。

灵台县博物馆馆长王忠学介绍，子瓦长14.6厘米，底宽3.7厘米，扣宽5.3厘米；母瓦则长37.3厘米，底宽15.8厘米，扣宽5.3厘米，高约4.0厘米。从这组瓦片残留的凹凸不平的痕迹来看，瓦片的制作应该完全是用手捏制而成。“这瓦是2001年灵台县西屯乡桥村遗址出土的。从表面看来，瓦片工艺很精致，漕、眼、栓、母瓦以及子瓦都很特别，看上去像是手捏成形后，烧陶而成。”王忠学说，这漕瓦目前还没有作鉴定，但从外形、工艺以及瓦片上的痕迹来看，很可能比3900年前的筒瓦还要早几百年。

瓦的传说

“我研究考古几十年，新石器时代的瓦片还是首次发现，从灵台出土的瓦片看来，可能比广河县的齐家文化还要早几百年，属于陕西龙山文化类型。”甘肃省平凉市博物馆原馆长刘玉林说。把灵台出土的瓦片归类为龙山文化可能有争议，但事实证实瓦片和龙山文化极其相似。

刘玉林讲了一个关于“瓦”的故事。

1987年，刘玉林作为考古工作者在平凉市崇信县发掘了一个占地35平方米的新石器时期先民居住的遗址。屋顶已经完全塌陷，除了火坑、柱坑以及石器堆砌的储藏柜以外，还有8片陶片井然有序地叠放在一起，就如同现在屋顶排放的瓦片。“这是4500年前先民的遗址，从几块叠放的陶片可以看出，先民已经有了以瓦防雨的意识，这是瓦意识的启蒙。”刘玉林说。

刘玉林介绍说，先民的房屋大多是半地穴式，圆柱支撑屋顶，屋壁则是用茅草涂泥而成。出土陶片带来的信息则是：下雨时，先民的屋顶漏雨了，然后，一些残破的陶片就成了挡雨的替代品，于是就激发了先民生产“瓦”的意识。

为什么出土的瓦片这样稀少呢？面对这样的问题，一位考古专家说，瓦片在新石器时期没有得到大量推广和普遍使用，至少可以说明当时社会不仅生产落后，使瓦片成为奢侈的用品，而且信息相当落后，使这种技术出现短暂的失传；但是有一点可以证明：发现瓦片的先民遗址，必定是部落首领的宫殿。

早期的“水泥”

“灵台县有好多先民遗址，特别是一些半地穴式的遗址，和大地湾遗址一模一样，坐北向南，面河近水，是目前国内唯一发现有瓦片的先民遗址。”王忠学说。他认为，瓦片的发现充分证明了早在3900年前，灵台就有一个很强大的部落盘踞，而这些瓦片，就是当时用于建筑宫殿的。

“有一处田埂发掘的遗址更令人叹服：地面非常近似现代的水泥地面，平整坚硬且规范光滑。”对考古素有情缘的灵台县政协文史委员杨生杰说，这处遗址距地表面约2.5米，建筑工匠首先是在文化层上垫土、平整、碾打，这层处理层向房屋外延伸了2米多宽，然后用白灰、沙石、黏土等掺和成浆，分两层抹平打光，厚约13厘米。下层约7厘米，合成浆较粗，上层是6厘米的细的合成浆沙粒。

“从时间的跨度看，这是早期先民建筑用的水泥。”有专家介绍，这遗

址是先民建筑的实证，对考古人员研究先民的生活、居住文化以及生产水平、建筑工艺都具有很高的史料价值。

然而，目前，这里虽然被列为省级文物保护单位，但是被埋没在乡野多年，且不说没有得到更好的保护和发掘，就连基本的保护都没有得到。

听到这里，我想起很多民间文人、文化呵护者的长叹。他们的讲述中，充斥着对现状的无奈，对文物古迹遗址保护的担忧，和对金钱的“向往”。“对每一处场地的保护，均需要很多经费，需要建设很多设施。而堪称‘清水衙门’的地方，也就是我们这里了。尽管政府经常会以文化、古迹、遗址的名义去申报一些文化、旅游项目，但是能够落实到基础，并真正用到文物古迹保护上的资金，可说是少之又少。”专家们怨叹道。

那么，那些以保护文物古迹、文化遗址为名义申请的经费去了哪里呢？没有人知道。人们只知道每年均有这样的经费如同撒盐一样，撒在这个文化的“锅”内，不见踪迹。

[采访手札]

站在风中，聆听风的絮语与诉说，捕捉野草与乱土中凌乱的碎瓦片飘散在空气中的气息，突然感觉时空转移。那瞬间，我领悟到古人的智慧，感受到他们的鞭挞与申斥，看到了他们的伟岸与坚强。

（写于2004年）

探秘“密须鼓”

密须之鼓，传说是中国鼓乐始祖，在这里，鼓乐有分类，划分为雷、灵、路、贲、晋、皋，有召集、公布、声讨、征战等功效。相传武王伐纣，就是凭借了密须之鼓的功效，将商纣之荒诞公之于众，召集诸侯各国，声讨商纣。最后商纣失却民心，败亡于天下。

时至今日，密须之鼓虽然已经匿迹于世间，召集、公布的工具却是越来越多，信息之流畅不亚于密须之鼓，号召力之强盛也不亚于密须之鼓。

在甘肃省灵台县发现密须古国遗址后，密须之鼓再度成为世人关注的焦点。经过对遗址的初步探掘，从出土的文物来看，密须国建国年代可能比历史上的第一个奴隶制国家——夏王朝还要早。它是一个忠于殷商王朝的诸侯国。

灵台县博物馆馆长王忠学说：“在西屯乡的桥村遗址，我们不仅发现了类似三星堆的玉石堆，还发现了 24 米长的宫殿遗址，其文化类型和河南庙底沟文化类型极其相似。”

多年从事考古研究的灵台县政协文史委员杨生杰则认为：“从遗址出土的 3900 年前的瓦片和史书记载推算，密须国氏族部落的形成应在 4500 年前左右，其政治形态、国家体系应该比夏王朝还要早，是处在生产、物质都由女子保管和分配的母系社会。”他说：“母系社会解体之后，父系氏族逐渐形成，各部落之间的战争不断，战败者不是被驱逐，就是加盟部落或成了从属。可惜没有资金和技术来支持研究，依照目前的出土文物推断，密须国很可能是我国历史上第一个奴隶制国家。”

对于这样的说法，平凉市博物馆原馆长刘玉林很认同。他说，密须国史

书记载甚少，只有《诗经》、《左传》以及《帝王本纪》上有少许记录，建国的年代无从得知，只知道灭亡于公元前1057年文王讨伐商纣之时。

密须古国说法不一

传说中的密须古国极其神秘：有“密须之鼓号令天下”的神奇，也有开中国宫殿建筑先河的说法，更有文物证实3900年前的密须国人就已经住上了“混泥”瓦房。尽管有这样那样的说法，也有一些零星的文物、史记见证，但是密须古国依然像谜一样，人们无从得知其真“面目”。

近日，我走访多位专家，探访临近多处遗址，在历史长河中拾起了关于密须古国的一段记忆。

“密须国的出现，最迟也是在母系氏族的中期，建国时间应该比我国的第一个奴隶制国家——夏王朝还要早。”考察研究密须国多年的杨生杰说。他认为，密须国应该是由密须氏所建，后来因为迎娶了黄帝后裔，受中原文化的熏陶和影响，才有了密须国是黄帝后裔所建的说法。

母系氏族社会解体、父系氏族逐渐壮大之时，部落和部落联盟林立，这是密须国建立的初期，其军事、经济以及生产技术相对先进。有专家认为，这也是出现制度健全的奴隶制国家之前的局势。到后来，部落之间战争不断，战败者不是被驱逐就是成为从属部落，最终，密须国也成了夏、商、周三族的从属国。

王忠学认为，从文物可以考证，密须国对中国传统文化的影响很深，如宫殿建筑和生产技术等。密须国是否是中国历史上的第一个奴隶制国家还需要进一步的考证，到目前为止，只能证实密须国的形成比夏王朝还要早，其国家的政治形态、社会体制还有待研究。但事实证明，其生产技术、农业经济可谓是当时社会的先进水平。

密须鼓，传统鼓乐的鼻祖

“在古代，鼓有多种，用途不一，其根源还是出自灵台的密须古国。”杨生杰说。他认为，对于“密须之鼓”，史书上早有记载，因为没有实物，现在只有一些流传下来的故事，也是鲜为人知，更没有人知道鼓乐始于灵台。

考古研究者张新民在《灵台四考》中这样写道：鼓分雷、灵、路、贲、晋、皋六种；各鼓面不一、样式不同：有的八面，有的六面，有的四面，有的两面；有的很高，有的很大，有的很长。

书中还写道："雷鼓八面，祭祀天神之用；灵鼓六面，祭灵所用；路鼓四面，以为鬼享；贲鼓两面，鼓三军士气；晋鼓为宫廷礼乐，以和军之旅，以正田役；皋鼓四尺，以役事。"确实，鼓乐功能不一致：有的用于祭奠天神，有的用于祭奠祖先，有的用于号令军事，有的用于号召百姓，还有的专门用于造乐。

"《周语》记载，取密须之鼓，阙巩之甲，都是周文王在伐商纣之前的重要举措。但是对于'密须之鼓'还颇有争议。"杨生杰说。有人以为这是一种礼制，有人以为这是一种先进的生产技术。依据张新民的说法，密须之鼓不仅是礼制，还是一种强权政治和权力的体现，谁拥有密须之鼓，谁就能号召百姓、引导思想，甚至公布其他部落的过失并追究其责任。

据说周文王打败密须国之后，就是用密须之鼓中的皋鼓召集百姓修建灵台，昭告各部落诸侯在灵台祭祀天地，陈述商纣的过失，并号召众诸侯对商纣进行讨伐。

虽然在考古中没有发现传说中的"密须之鼓"，但史书记载说明，密须之鼓确有实物，并且源自灵台。

文王灭密须

"周文王征伐密须国的年代也一直有争议，但我认为应当是公元前 1057 年。"杨生杰说，史料的记载很少，仅见于史册的有文王受命"三年伐密须"，和周文王与姜子牙、管叔商议战事的一段对话。谈话内容体现密须是个很强大的国家，管叔对征讨密须还有不同意见。后来，周文王以密须国侵占邻邦阮部落为由，对密须国开始了征伐。

"这种说法就是《资治通鉴·外纪》及《诗经·大雅·皇矣》中'密人不恭，敢拒大邦，侵阮徂共，王赫斯怒，爰整其旅，以按徂旅，以笃周祜，以对于天下'的诗句得出的结论。"杨生杰说。考察、研究密须国多年的张新民先生在他收集的文史资料中总结出周文王征伐密须国的三个因素。

首先，密须国和周族部落是宿敌，周族的始祖不窋在戎狄之间活动时，就常受到密须国的侵扰。周族在公刘时，才迁到陕西一带过着半定居的农业生活，到文王的祖父时，又举族迁至岐山一带，改号曰"周"。所以，密

须、周族既是邻国又是敌国。

其次，商朝到纣王继位后，国家政治腐化达到了极点，因而激起人民的反抗。自文王继位始，便以周族为中心，形成了反抗商朝奴隶统治的革命集团。但密须国作为商王朝的从属国，既要镇压和阻止其他的属国反对商纣，又要维护商朝的统治，自然是文王伐灭的对象。

最后，密须国是很强大的国家，周文王征讨密须国就是要获取“密须之鼓”，试探商朝的虚弱程度，号召诸侯对征伐商王朝的支持，这样才有了在灵台以密须之鼓祭天的活动。

两处密须遗址之争

“现在大多数人认为，密须国国都在我们百里乡，而且这里有大宫殿的遗址。”灵台县百里乡党支部书记说，这遗址已经发现多年了，也出土了不少文物，其中有的文物还有“密”字呢。

但王忠学认为，百里乡的宫殿遗址是周朝的从属国密国的都城，而密须国的都城，应是在西屯乡的桥村遗址。

“在百里乡遗址出土的文物，大多是西周时期的青铜器，没有商纣时期的文物；而西屯乡的桥村遗址，却出土了不少受中原文化影响的庙底沟时期文物，按史书记载和文物考证，密须国遗址就在西屯乡的桥村遗址。”王忠学说，周文王灭密须国之后，又设置了密国，而密国的遗址应该就在百里乡。

但是，由于灵台县多种资料包括文史资料都说密须国遗址在百里乡，所以，大多数看过灵台文史的人都认同这一观点，反而对新近考察出的遗址提出了质疑。

初步探寻密须古国

“密须古国的遗址虽然已经被发现，但是一直没有进行过大规模或正式的发掘，现有的一点文物，都是村民建房时或是遗址被雨水冲刷后发现的。”王忠学认为，如果对遗址进行大规模的发掘，将填补考古界对密须国认识的空白。

据了解，现在发现的一些文化层有的深达 20 多米，半地穴式的遗址、宫殿的遗址都有。王忠学说，西屯乡桥村遗址有三个特征：出土的农业工具很多，说明当时的密须国原始农业经济相对发达，农业是密须国的支柱；遗址中有宫殿的圆柱坑，并且有瓦、玉石堆以及很多的半地穴式遗址，证明密须国民不仅生活安定，作坊也很发达，生产技术达到一定的水准，且有可能开中国宫殿建筑的先河；在 20 多米的文化灰土层中，考察者发现了大量的骨头，除马骨以外，其他六畜的骨头都有，这一点也证实了当时人民生活安定、富有，并且在这个地方生活了很长时间。

既然密须国生产技术及农业发达，为何史书没有记载呢？

对于这样的问题，王忠学讲了一个令他懊悔至今的事：多年前，西屯乡一个村民建窑洞时，曾经挖出了四五架架子车的牛颊骨。当时该农民发现骨头上有很多虫纹般的痕迹，但没有考虑到可能是文物，随即便丢弃了。

当王忠学得悉赶到现场时，再也找不见这些有虫纹、很可能是密须国史书的东西了。

“按判断这堆牛颊骨很可能是密须国的国事记录，或者是当时社会发展史的记载。”王忠学说，对密须国的考察他已经进行多年了，但是由于没有资金支持，没有先进的技术设备支持，至今收获甚微。就像那片 3900 年前的瓦，也是近年由上海有关部门做出鉴定的。如果能对密须国遗址进行发掘，远古时代的诸多秘密将会揭开。

（写于 2004 年）

呼唤“平凉姑娘”：回家！回家！

“北京人”，一个现代皇城根人的代名词，被概念性地列为古人始祖。可很少有人知道，在黄河中上游的甘肃省平凉市，出土了5万年前的晚期人类头盖骨。1984年，经过鉴定，这块5万年前的晚期智人，是一个与蒙古人种相似、年约20岁的姑娘，被称为“平凉姑娘”。

但是在平凉，只有一些关于“平凉姑娘”的传说与影子，绝大多数人并不知道她的存在。因为这位姑娘只是在这里出生、死亡并出土，目前在北京。平凉当地发掘与保护文物古迹的民间保护者一再呼吁，要求“平凉姑娘”回家，但并没有实现。

“回家”是亲人对“游子”的呼唤，呼唤“平凉姑娘”回家既是平凉人对“平凉姑娘”“回家”的期盼，也是中国人对流落他乡乃至世界各地的文物、文明遗迹的呼唤——“回家，回家！”

“平凉姑娘”被发掘

“平凉姑娘”出土地点为甘肃省泾川县。泾川古称泾州，因泾河获名，曾是古长安的门户。它既是古代兵家必争之地，也是古代文明沉积深厚的古城，早在远古时期就有人类文明的足迹。

1976年，泾川县泾明公社郝白大队在山沟里植树造林，平凉市博物馆原馆长、当时的驻队干部刘玉林是植树带队人。在植树挖坑时，他发现了几块近似人骨头的化石碎片。有一定文化水平的他便好奇地将骨头收拾了起来。

村民见刘玉林收拾骨头，便对他说，这是死人骨头，不要捡了，很不吉

利的。但刘玉林认为，这石头般的骨头肯定不是一般的骨头。于是，他便毫不犹豫地保存了当地人所说的“死人骨头”。之后再去植树时，他总会留意是否还有碎化石骨头。刘玉林耗费5年时间，一方面查找资料研究化石，另一方面多处找专家鉴定化石真伪。

1980年，为了彻底弄明白化石的年代、性别，刘玉林求助于有关部门，但并没有得到援助，得到的只有讽刺与嘲笑：“这人有毛病，死人骨头还当宝贝呢？”无奈，刘玉林只好只身去北京。1984年，在古人类研究所专家的帮助下，刘玉林发现的古人类化石被鉴定为5万年前的晚期智人，是一个与蒙古人种相似、年约20岁的姑娘，被称为“5万年前的平凉姑娘”。

“平凉姑娘”无家可归

一直关注当地历史文化研究的时任泾川县政协主席的张怀群告诉笔者，“平凉姑娘”化石不仅是甘肃境内出土最早的人类化石，也是比北京“山顶洞人”还早的人类化石。“平凉姑娘”化石出土地占地5000平方米，为二级阶地沉积区，这里出土了很多古生物化石。据了解，仅泾川县境内就有新、旧石器时代的古人类遗址280多处，很有考察研究价值。

然而，价值不能变成金钱，也不能解决大家的吃饭与睡觉问题，当然当时也就没有人关注“平凉姑娘”出土地方的保护。“这样的地方多得很，谁管呀？”

这里的文明与文化沉积确实深厚，但也因为文明遗址太多、文化积淀太深厚，而在当时无法一一实施保护措施。这些文明遗迹在风霜雨雪的侵蚀下，日渐破败。“平凉姑娘”出土遗址也因此变成了荒地。古人类头盖骨化石出土之后，刘玉林也为如何保藏文物而感到头痛与困惑。“偌大的一座城市，怎么就容不下这么一件宝物呢？”他疑惑。很显然，这不仅仅是资金短缺的问题。

实质上，因为当时县市地区的条件有限，对于这些文物的认知也有限，甘肃乃至全国很多地方出土的文物都被送交到上级部门。比如，舍利子、金银棺、佛雕像、“平凉姑娘”化石等文物都被送到省城兰州，或者被送到首都北京。而留下来的遗址最多就是竖立一块碑，注明是某某遗址，仅此而已。

在当时的年代与意识形态下，人们不得不将这些文物、化石送到可以安置的博物馆、研究所。正如刘玉林所说，当时的想法简单，就是应该交给这些专家研究或者收藏；其实也是没有丝毫办法，只想给“平凉姑娘”安置一个家。因为不仅他个人没有办法收藏，就连当时的平凉地区，都没有地方可以珍藏化石。于是，“平凉姑娘”化石只能放置在中国科学院古脊椎动物和古人类研究所。这一放就是数十年。

文物也罢，化石也罢，在甘肃可谓很多，被人珍视的却极少。竖立一块碑，就算是最大的保护了。而实质上，这样的碑文等于是“此地无银三百两”的告示，使得很多盗掘者知道那里有文物可以盗掘。也正是如此，很多遗迹被破坏，多次遭盗掘。

艰辛“回家”路

知道平凉市新博物馆就要开馆的消息后，刘玉林再也坐不住了。深埋心头多年的愿望，开始长草蔓延了：“我要把‘平凉姑娘’接回家!”

他说，任平凉市博物馆馆长时，他就一直琢磨着将在平凉境内发掘的古人类化石从北京要回来。在梦里，他多次看见自己将化石搬回平凉。从在任到退休，他一直这么想着，也给中国科学院古脊椎动物和古人类研究所发了多封信件。

第一次提出请回“平凉姑娘”的要求时，古人类研究所同志的答复是：“保存在研究所不要紧，等研究搞完，随时可以归还”。第二次刘玉林去信催要时，得到的答复是：“让你带回去也不太好”。之后，刘玉林再次提出要回“平凉姑娘”时，古人类研究所称“研究所要做一个复制品，之后就还给你”。刘玉林每一次书信、电话要求将“平凉姑娘”接回平凉，总被多个不能拒绝、不好意思拒绝的借口搪塞了。

作为当时发现、修复、研究这块化石的人，刘玉林认为，“平凉姑娘”的一切都是他一手促成的，但是他并不是想据为己有，只想将化石接回来，放回平凉博物馆内，自己可以看得到，平凉人可以看得到，可以了解到平凉的历史、文化以及来源。

但是“平凉姑娘”从发掘至今一直“飘零”在外，一直没有归属；平凉人对于自己家乡的了解也甚少，很多人甚至不知道原来还有这么一段历史。刘玉林和一些民俗文化研究者认为，原来是因为平凉博物馆太破旧，没有办法保藏化石，现在平凉博物馆已经修建好，并且具备国内一流水平，这

间高等级的博物馆，等于就是“平凉姑娘”的家。所以，他们想要将化石移回平凉博物馆保存。

回家，变成了刘玉林与“平凉姑娘”的梦，一直没有圆。

龙骨的传说

人人都知道，中国最早的古人类化石是元谋人牙化石，距今约170万年，属旧石器时代初期，于1965年5月在云南元谋上那蚌村出土，属于同一个体的一左一右两颗上中门齿化石。元谋人是我国已发现的早期直立人的代表。元谋人的文化遗物有石制品，还有带有人工琢磨痕迹的动物骨片，以及人工用火的痕迹。

这样的化石珍宝，在20世纪五六十年代，甘肃多地曾有出土，却被医药部门作为中草药收购。“（龙骨）大约是五六分钱1斤，我们送去供销社，就有人收购。后来随着时间的推移，价钱涨到一毛多，因为龙骨可以卖到钱，挖掘龙骨的人越来越多。”有地方居民这样说。

但是鲜为人知的是，被世界称为“中国的龙骨”的古生物化石，早在清末民初就闻名于世，让很多西方国家的学者、盗贼为之心动。有一段北洋政府时期的历史这样描述：在欧洲国家看到中国传去的龙骨时，那些瑞典、英国等国的学者都为之心动。他们清楚，这是古生物化石，对于考古学与人类学研究有着不菲的价值与意义。因此，他们时刻惦记着中国有这样的宝贝。

于是，以瑞典学者为代表的安特生等一干学者，以考察、研究中国地质的名义接受北洋政府的聘请，不远万里来到中国，并以考察地质矿藏为由，四处发掘古生物化石、中国远古时期文物。

这些学者，专门研究了中华古国的历史，时刻惦记着敦煌壁画藏经、楼兰古国遗址、仰韶文化遗产、古人类化石等。他们聘请廉价的中国劳动力，以考察矿藏的名义，在中国黄河中上游挖掘、发掘。然后以研究与保护的名义，将这些宝藏运出了国门，陈列在一个个国外的博物馆馆内。

于是，渴望流落在外的宝藏“回家”的呼声越来越高，越来越深切。

刘玉林乃至中国民间文化学者都知道：回家，不仅仅是对“平凉姑娘”的呼唤，更是对流落异国宝藏的召唤：“回家，回家”。

（写于2004年）

羲皇故里之争

前往甘肃天水，是为了找寻中华文明的根源，一些散落的文明碎片与飘忽的传奇。就像西方人寻找他们的耶稣，探问上帝一样，我代表着东方人，也试图与我们的先人对话，希望能够找到一些人生的轨迹、一些方向的启示。生活在当今的社会，我们的心里存在着太多的困惑，存在着太多的迷茫。因此，我们的心失去了约束，充满了无所畏惧。

那远古且有心灵约束与敬仰的年代距离我们已经很久远了，久远得人们都忘记了岁月的痕迹，忘记了年轮的模样，忘记了美好与向善的初衷。只有模糊的记忆、似曾相识的印象残留在心中。

民间传说这样演绎着：一根绳索、一块石磨，开启了中华民族数千年的故事，一幅八卦图延续了中华7000年的古文明。

在寻根的路途上，我已习惯于看到残败的古迹、荒塌的遗址。神经都已经麻木了，沉重的尘土压在我的心头，却让我感觉不到疼痛了。从奇特的卦台山、香香的八卦饼上，再也看不见那取火种、制婚嫁的场面，也看不到结绳记事的影子。只有先人深邃的智慧让我深思，只有麻木的轨迹、沉痛的鞭策让我感到一阵又一阵的惊悸。但世人并不关心这些，只是关注怎样才能达到自己的目的，怎样才能起到轰动效应，怎样才能献媚与取宠，怎样才能堂而皇之地获取名利。

“羲皇故里”的名字已经留在天水很久了，雄伟的伏羲庙、奇特的卦台山，带着一丝讥讽在闹市里沉隐。吃着20世纪的八卦饼，不免让人想起此去不远平凉静宁县成纪城的尴尬，于是，心中别有一番滋味。

探寻伏羲故里

2002年9月，一个风和日丽的日子，我来到了伏羲的故里——古成纪(现在天水秦安县)。登上卦台山环山四眺，顿觉其山地形特异：在群山怀抱之中，一片沃野，其中一峰巍然突起，堆翠叠绿，上擎青天，山顶建有伏羲祠、画卦台。

环望四周盆地，恰如一幅太极图，渭水自侧面蜿蜒流来，至画卦台后成S形环绕而过，极似太极图中那条阴阳分界的S形曲线。而周围的8座山峰更似生肖像。伏羲祠中的道长介绍，当地百姓称西北三山为龙马山，东面山为龙山，南面山为凤凰山，西南之山为牛山，西面山为羊山。

道长还说，据易学专家考证，用古代测量仪，按照一年360天沿周围逐天测量日影，其消长轨影图恰似一幅完整的太极图影；而伏羲在卦台山画卦之处也正是我国版图的中心地带。这也算是对伏羲上观天象、下观地法、中取鸟兽之音画八卦的考证吧。

卦台山不远处则是秦安县安伏乡，在安伏乡的农家里，随处可见的就是八卦鸡罩、八卦灶。当地老乡介绍，八卦鸡罩、八卦灶是家家都有的东西，在地方上流传已有许多年的历史，特别是八卦鸡罩，还分为天干、地支、五行，编织起来可有一番讲究。而讲起八卦灶的生、死、休、病等八宫来，老乡也是头头是道。

在乡镇街集市上，笔者偶尔发现一样新鲜物：八卦饼——一个和平常烧饼一样的食品，饼上却多了一副八卦图，图中写有“吉祥如意”四字。卖烧饼的老板说，八卦饼他自小就知道有了，说是吉祥如意的意思。不仅八卦在当地流传的花样多，在秦安县安伏乡，还有伏家湾、伏家洼好几个村社共有1万多伏姓人。

伏羲出生地在古成纪

因为断代史的缘故，作为远古时期的三皇之首，伏羲故事到如今只能是传说了。演绎的传说是这样的：上古时期，一个风和日丽的日子，一个朴实大方的女子，在河泽中无意间发现了一个巨大的脚印，引起了她的好奇。于是，她便用自己的脚步丈量着那巨大的脚印，不知不觉竟陶醉其中，似如两性交欢。不久，她便有了身孕，怀孕12年后，产下一子，此子便是伏羲，

伏羲的出生地在古成纪。

在那个母系氏族社会的时代，人们没有姓氏，名字就是部落的名称，只有部落首领才可以使用。

伏羲出生后，其母华胥氏又生一女，此女就是女娲。某一天，风雨交加，山洪暴发，江河泛滥，淹没了他们的家园。只有伏羲兄妹俩跑到了山顶，才躲过了洪灾。一天接一天，一日连一日，洪水不退，也不见有族人逃出。终于有一天，雨停了，山洪也逐渐减退，但是昔日的家园、亲人、族人却是渺无踪影。

面对破败的家园、生存的危机，伏羲兄妹依靠自己的双手，开始重建家园，同时寻找自己的族人。但是，残酷的现实告诉他们，在这片辽阔的土地上，只有他们两人了；死亡的气息、寂寞的生活困扰着伏羲、女娲。面对浩荡的洪水，他们思念亲人，从而对能在水中生存的鱼、蛇，能够在天空飞翔的鸟类，能够在洪水之后存活的树木等生物充满了崇敬。对生活，伏羲依然存在许多顾虑：我们死了怎么办？谁来延续我们的民族？

于是，伏羲有了兄妹成婚的念头，但女娲并没有同意。可是面对氏族传承的责任，如何抉择呢？传说中，他们将这一切的决定交给了上天：某一个风和日丽的日子，伏羲兄妹又来到那个逃过劫难的山头，兄妹约定：如果从山顶滚一片石磨，能合上山脚的另一片石磨，那么兄妹便在那山上成婚。就这样，山顶的石磨从山头滚下，却真的合上了山脚的石磨。于是，便有了人类的繁衍，“磨合成婚”的故事也流传至今。

虽然如此，女娲依然感觉羞于见人，于是白天以巾遮面。蛇成了伏羲族内的图腾、吉祥物。以后的人们便把女娲、伏羲比成蛇身。在出土的汉代文物石像神、墓彩绘帛画中，伏羲、女娲都是人首蛇身；女娲还是半脸蒙纱。

伏羲、女娲教人们取火种、制婚嫁之礼、织网捕鱼等，把原始人类生活推进到新石器时期，为人类的发展作出贡献。现在，这些都被现代文明所取代，只有他们始创的八卦延续至今。

伏羲与八卦

八卦有先天与后天之分，天文、地理、数学无一不在其中，其中的奥秘让现代学者、专家都难以参透。所以，现代人对八卦是否为伏羲所创提出了质疑。直到河南淮阳出土了伏羲所建的都城——宛丘，1978 年在安徽含山

县发掘出5000年前的一块刻有八卦的玉刻之后，才证实了八卦确实系伏羲所创造，并且还是在甘肃境内创造。

在甘肃省天水市西城有伏羲庙，建于明代，庙内64棵古柏被喻为八卦之意；城北15千米处有伏羲当年画卦之处，其山名为卦台山。对于伏羲画卦的说法有好几种，都有几分道理。

其一说是伏羲静坐卦台山，观察天象星、地理山势，亦有史料佐证。《陈州府志》载：上古伏羲氏得白龟于蔡水龟池，养之，而历八卦。《周易·系辞上》也有“河出图，洛出书，圣人则之”的说法。在伏羲墓与伏羲得白龟处，有一池，名为白龟池。1984年，一个名叫王大娃的小孩在池中钓鱼，不料竟钓到一白龟。还有人认为，伏羲画卦，实从当年记事画画衍出。

且不论卦从何出，但是伏羲画卦，是千真万确的。

伏羲故里缘何在天水

历史总有许多悬念，让人无法猜透。就像伏羲故里一样，竟然有两处，一是天水秦安县，一是与之毗邻的平凉静宁县。

在静宁县，一座汉代的古成纪城遗址与出土文物证实了此处乃伏羲故里。而天水则有明代的伏羲庙宇为证。也不知道是不是野史，但学者都是这么严谨地讲述的——

蒙古人入侵中原之后，宋朝灭亡。蒙古人掠夺了宋人财物与女人，同时也将宋人祭奠祖先的法器或者一一破坏，或者带走。在这段时间里，已经不可能祭祖了，不仅如此，这古老大地赤地千里，还出现易子而食的现象，仍不能解决生存问题。明王朝建立之后，朱元璋首先想到的就是寻根问祖，教化民众。

派遣的官员沿史书讲述的方向寻去。在甘肃天水找到汉柏与古庙，看到了卦象与足迹，以为这里就是伏羲故里了。野史则是说，这位官员到这里以后，觉得他的发现可以交付差事了，便打道回京了。于是，这里土木重兴，祖庙重现了。

时过境迁，数百年之后，又有官员在这里挥毫写下了“伏羲故里”字样，于是，在媚俗的文化里，这便成了铁定的事实了。可是这些官员不知道学术的严谨，更不知道文明的严谨，甚至连距此数十里之处还有一座汉代遗留的成纪古城，那里亦流传着伏羲故里的说法也不知道。他们只是轻轻地挥毫，留下的却是打不完的“学术争执”、“口水官司”。

伏羲故里之辩

自从名人古迹可以作为旅游景点进行开发，可以拉动地方经济发展之后，名人故里，一度成为各地竞相争夺的焦点。为了丰富自己争夺的依据，地方政府纷纷亮出自己的特点、绝招。这不，伏羲故里之争就在天水市与静宁县拉开，起先是民间文人之间的“口水战”，之后是地方政府的资源争夺战。在西北乃至中国各地，到处在上演着这样的“文明”争夺战。

捐、要、凑钱，静宁县做“富文化”

因为一涓成纪水，苍茫的黄土地才有了生机勃勃；因为成纪水还在无息地流淌，我们才能沿着“人文始祖”伏羲的足迹，去探索远古文明。

静宁，作为“人文始祖”伏羲的诞生地，当地政府凑了2600万元，修建了可以怀念、祭奠祖先的伏羲纪念馆，不想，建成几年却依然“请”不

宏伟的成纪文化城

了伏羲上殿。

从312国道经过静宁县时，远远地便会看见一片庞大的仿古建筑群耸立城内，知道的人都说，这是甘肃省目前最大的博物馆——成纪文化城，也是该县纪念“人文始祖”伏羲的地方。

到过静宁县城的人，大都参观了这片庞大的仿汉代建筑群：那屋檐下欲飞的、张牙舞爪的龙，庞大的主殿，透着一份庄重、典雅；而一座八卦坛，呈现出这座文化城的底蕴。

凌晨，县城里的男女老少在主殿前晨练；傍晚，三三两两的人们，或是一家几口在文化城内漫步，或是一对对情侣在走道上窃窃私语，县城四处洋溢着一派祥和、温馨的气息。

不远处，有条建筑面积为2800平方米，名为“成纪文化街”的商业街，曲檐回廊、古色古香。几幅和伏羲有关联的壁画，结合一张张铝合金卷闸门，把现代文明和悠久历史连贯起来。

但在成纪文化城，除了文化馆、博物馆、图书馆、文化局等几处办公场所，其他殿房都是大门紧闭。据了解，主殿里面没有装修、没有雕塑，而且已经闲置几年了。静宁县为什么要建这么庞大的成纪文化城？为什么又会闲置几年呢？难道仅仅是给居民修建娱乐场地？

2003年3月，一个漫天飞雪的日子，我采访了成纪文化城的主管领导和静宁县有关领导。

在静宁县文化局，我见到了一封“致关心成纪文化城建设者的信”后，才逐渐清楚事件的始末。

信中内容是说，静宁是“人文始祖”伏羲的诞生地、华夏文明的发祥地，是辅汉起义的隗嚣，飞将军李广，抗金名将吴玠、吴璘、刘琦等英雄的故里。为挖掘和弘扬伏羲文化，将在县城修建集怀古祭祖、旅游观光、文化娱乐为一体，建筑总面积18000平方米，总投资约1600万元的成纪文化城。愿为修建文化城慷慨解囊的单位、个人以及所有投资者，都将列名伏羲纪念馆建设纪念册：捐资1000元以上者，载入伏羲纪念馆史志，存放于成纪博物馆；捐资1万元以上者，列名伏羲纪念馆纪念碑；捐资10万元以上者，立碑载其事迹；捐资100万元以上者，修建纪念亭；等等。

据文化局领导介绍，建城之初没有评估，结果成纪文化城建成后，核算出实际投资2600万元。投入资金的来源主要分为这么几部分：一是将这封信寄给在国内各地的静宁人，并通过家乡座谈会向他们募集资金，这笔募捐款项累计有600多万元；二是动员在静宁县拿财政工资的干部捐款，第一次是一个月的工资，第二次是每人200元；三是由上级单位下拨的部分城市建设费用，约20万元；四是静宁的行政事业单位的捐款。到笔者采访时，该项目还欠施工单位100多万元。

采访期间，静宁县几位不愿透露姓名的人士说，从1997年文化城修建第一期工程至1999年第二期工程完工，全县拿财政工资的职工共捐资两次，按级别定额县级600元、科级400元、一般干部职工200元；另一次是每人200元。捐款过程中，县上只是作了动员就直接从工资中扣除。

尴尬：伏羲始祖上殿难

我参观了静宁县的文化街、文化中心、古成纪城后，尽管知道伏羲纪念馆是空的，但是依然想看看里面究竟是什么样。在我再三的要求以及有关人员陪同下，我总算如愿以偿。

成纪城一角

偌大的纪念馆分为3层，但是层层都是空的，没有装修，更没有什么美观可言。第一层有几十个篮球场大，除了林立的石柱、闪烁着几盏灯之外，就是空旷；第二、第三层分主殿和分殿，没有林立的石柱，一样都是空旷。这一切与纪念馆庄严典雅的外景相比，和静宁县几十万群众的热心对照，又成了什么呢？

文化局领导说，伏羲纪念馆第一层为龙源殿，主要设计为伏羲诞生时期，以立体的形式展示古成纪（静宁）一带的原始森林、生活在原始森林中的伏羲以及他的部落，展示古成纪的生态、古人类的生存状态：溪流涓涓，大树参天，伏羲以及他的部落成员在茂密的森林里生活，与大自然作顽强的斗争。

第二层是龙祖殿，主要是伏羲、女娲的塑像，以及伏羲画卦、教民佃渔、结绳记事的壁画和一些在静宁可以看见的古遗迹。

第三层为龙胤殿，主要用于展示静宁的古文化、现代文明以及一些文物，还有与静宁有关的名人壁画。

该领导说，这些设计方案都是国内名人的手笔，估计伏羲纪念馆三层的装修费用需要资金1000万元，只有这样才能体现静宁的特色。但是，由于修建成纪文化城资金缺口大，所以搁到如今，伏羲始祖仍未“上殿”。

现实：难言的困境

静宁县王副县长说，建设成纪文化城是前任县委书记的思路，发展主体是以伏羲纪念馆弘扬成纪文化，改善文化单位的基础设施，给居民提供休闲场地，把成纪文化城建设成一个旅游景点，结合312国道、界石铺红军楼，形成一条旅游线，达到以经济发展文化、以文化促进经济的目的。

为了把文化城建好，县里请中国工程设计大师任震英、山西省古建筑研究所所长、高级设计师左国保等专家，勘察研究绘制了整个仿古建筑群。建筑群由“四馆”（伏羲纪念馆、文化馆、博物馆、图书馆）、“三院”（成纪文化研究院、成纪画院、成纪文物名特产陈列院）、“一坛”（八卦坛）、“一局”（文化局）组成。文化城设计以26米高的伏羲纪念馆为主体建筑，城内还有廊阁碑刻、楼台亭榭、草坪花园、池水拱桥相映。工程计划分三期实施，一期为“四馆一局”，二期为“三院一坛”，三期为其他后续工程及绿化工作，把成纪文化城建设成一颗镶嵌在丝绸古道上的明珠。

但二期工程完工后，静宁县再没有资金用于建设文化城了。虽然文化城内举办了一期“成纪文化节”，每年都搞一些文娱活动、商品交易会，但是，成纪文化城还是不能被完全开发利用。对于能否完全建好文化城，现在只有靠申请项目资金了。王副县长直言，对于目前的状况，他们也很着急，但是没有办法，他们实在拿不出资金，如果有资金，成纪文化城早就建设好并开发利用了。

专家：如此开发为哪般？

成纪文化城的内涵是什么？它能否成为静宁县的一个旅游景点，促进静宁经济发展？有关专家也有一番讨论。

对于“成纪文化”的说法，一位地方民俗学专家就提出异议，他说，一种物象存在的形式或历史遗存文化的命名，应该有丰厚的历史底蕴，以及世代传承的生命力量。因为“文化”是人类整个生活方式的总和，有世代传承与变化的意识和仪式，它代表人类过去和现在所创造的精神上、物质上的一切事物的整体，包括知识、信仰、艺术、道德、法律以及人类作为社会成员的种种能力和习性在内，富有民族和时代的内容，是一个群体的活动特征。

而成纪是存在于静宁县境内的上古地名，是一个单纯的个体、一座古城遗址，没有传承与变化的意识和仪式以及生命力量，也没有产生独特的、影响广泛的文化形式。因此，他认为静宁提出“成纪文化”是不妥的，却被作为一项文化工程去实现，很让人茫然不解。

时任甘肃省旅游协会副会长、西北师范大学旅游学院院长王三北教授分析说，由于甘肃狭长的地理形态，旅游观光线多了许多空白点，兰州—平凉—庆阳陇东旅游线近年来在逐步发展，但是，旅游线长景点少的条件遏制着旅游业的发展，因此，静宁县挖掘、发展旅游景点有利于旅游业的发展。但重要的是该景点有哪些可开发的内涵，如何发展、挖掘、经营好旅游观光景点？这仍是摆在我们面前的难题。

开发一个旅游资源，首先要对资源进行评估、规划，核算开发该资源有什么价值，能获取多少利润，什么时候才能收回投入的资金。假如一个项目景点投资 1000 万元，按贷款利息算它一年有多少利润，如果低于银行利息还有价值做吗？一般考虑投资在 1000 万元的项目年利润应该是投资额的 10% ～ 15% ，那么 2600 万元投资的利润就可想而知。一个成功的项目一般是 7 年内收回投资，如果超出 10 年才能收回投资，那么这个项目就是失败的项目。按照市场衡量、经过详细的财务分析后，就可以投入资金了。项目投资最好是招商引资或多种渠道，只有多样化投资、分期建设、滚动发展、多样经营，才能做大该项目。

王教授说，评估一个景点项目主要在于几个数字，最关键的就是什么时候收回投入资金。静宁县成纪文化城的现状主要是由于没有商业化运作，缺乏市场意识导致的。

思考：谁之过？

静宁县修建成纪文化城本意不错，社会各界人士的热心奉献更为难得，但是仅修建成办公楼、娱乐场地，未免太奢侈；如果开发旅游资源又缺些什么？这般现状对静宁有什么影响吗？人们的心里又是怎么想的呢？行走在静宁县城，成纪文化城似乎并没有引起人们多大的兴趣，远不如老字号的烧鸡闻名。

主张修建成纪文化城的人已调走，后来的人，理所当然地搬进了新办公楼。空着的主殿只有个别人关心，闲暇之余说，没办法；然后，又去忙别的事或调任他县。

在任的人认为错不在“我”，捐款的人徒有怨叹，其他的人则认为与己无关。就这样你干你的活，我做我的事，进出成纪文化城的人从没有人问：“难道偌大个伏羲纪念馆就这么常年封闭着吗？”也没人想：“怎么向捐款人交待？”

事实证明，落后的经济很难在短期内迅速改变，发展经济也不是靠高大形象，或某人冥思之后的盲目发展，而是要敞开门走出去、引进来，改变思想意识，进行面向市场、长期的多元化经营。

然而，成纪文化城的沉重，只成了人们茶余饭后的“闲扯”了。

[采访手札]

采访静宁成纪城三天，幸得地方文化守护者王知三先生相伴，不然真不知从何着手。

奔波于山野村乡之间，王先生不时指点，与我讲述静宁的古老传说；对于成纪文化城建设却有着一种愤慨和失落。他说，伏羲诞生地原本没有争议，由于行政区域的划分，硬把伏羲变成了天水人。伏羲泛指的是一个时

期，不是简单的一个个体人。对于这种文化现象，应该划为伏羲文化圈才对，怎么变成个体了呢？加上一些官员的题词之后，伏羲故里便名正言顺地“搬”去天水。

“这应该是学术界的话题，不应该是行政权力所能干涉的！”王先生说。成纪城遗址，如今已变成了果园，此地风特别大，四处一片凄凉景象，几堵废弃了的旧城墙在风中屹立。王先生的愤慨和述说，只有这风、这废墟、这果树在聆听。

或许这就是中国官文化的特色吧，只要某个要员题写了一些词句，地方上的一些文人、一些掌权人物便大做文章，依据这些题词确定一些虚无的事实。

或许这便是国人的媚俗吧。

站在呼啸的风中，我叹息。

王先生的愤慨之中，充斥着无奈，充斥着期盼，好像那些要员应该再为静宁题一次词一样。

我想，或许，这也是中国文化的悲哀吧。

站在呼啸的风中，我无语。任由心灵沉寂，遁入数千年前的点滴之中。

唯有静静聆听那风，聆听先民的肢体语言、生活语言，聆听先民的指责和教诲。

（写于 2003 年）

黄陵错冢：错乎？媚乎？

登子午岭，朝始祖陵。临冢远眺，碧水环山，轻云绕峰，群峰叠翠，虫鸟脆鸣。惟巨冢荒芜，欲祭无凭。

甘肃省正宁县东 40 千米处有一座山坳，当地老人说，那是“仙人坟”——黄帝的陵墓。说起黄帝轩辕氏，他有着令人神往的故事、令人向往的伟大力量，让人们对未知与自然力量充满着敬畏。他塑造的中华民族精神传承至今依然生机盎然；龙的图腾、龙的传说，经历了数千年的风雨洗涤，经历了数千次的重生，依然斗志昂扬，甚至被现下的人们视为神话、传说。

年代太久远了，只有《山海经》、《中国远古神话》才有那么只字片言的记载。你在哪里，我们的先人祖辈？怀着一份虔诚、景仰，揣着现在人们对于轩辕黄帝许多的迷惑和不解，带着轩辕黄帝的种种传说与神话，以及多种争议，在一个阴霾沉沉的初秋，我拖着沉重的步伐，背着空空的行囊，踏上了探访的路程。

黄帝生于庆阳

《山海经》的只字片言是这样阐释的。

轩辕黄帝姓公刘，又号有熊氏。轩辕氏不是一个人的名称，而是一个部落、一族人的称谓，也是部落头人的称呼，其他人是没有名字的。他们生长并生活在黄河中上游草肥水美、森林茂密的甘肃庆阳一带。他们的部落对男女一视同仁，大家一起游猎，一起与大自然作残酷的斗争。生活虽然艰苦，但是他们知足、和睦。

那个时期，部落林立，自然生存法则显得尤为残酷。由于人口增长、技术落后，还有敌人和自然的不时侵害，他们的生存受到了严重威胁。于是，黄帝部落与炎帝神农氏部落立约合并，于逐鹿诛蚩尤、败俞罔，经 52 战，统一华夏、东夷、苗蛮等部落，将各个部落的族人合并，形成了一个原始制度社会，号称“炎黄”；并将各个部落合并的图腾称为“龙”，是上天入地、无所不能的象征。

炎黄族人改变以往的游猎生活，修筑房屋，训家畜，种五谷，制作衣物，研究医学、婚葬之礼；重用有才华的人造文字代替结绳记事，制杵舂米，织蚕丝遮羞；划分天干时节以利农耕生长，制乐器，定音律；制作舟、弓箭使人们过上较为文明的生活。黄帝还致力于启蒙传播文明，重道德伦理、倡仁义之风，敬畏自然与未知的力量，促使社会进入新石器时代的鼎盛期，奠定了中华民族的文明基础。

传说记载轩辕黄帝居位百年，有子孙 25 人，其中 14 人形成 12 个姓氏。由于轩辕氏开辟了前所未有的业绩，现代人自称是其子孙后裔。

黄帝崩，还葬庆阳

由于轩辕黄帝时代与现代相距久远，不论是其出生地，还是陵墓所在地，都有种种传说与争议。

关于其陵墓，《列仙传》中有明确记载：“黄帝自择日与群臣辞，还葬桥山。”《史记·五帝本纪》第一篇也讲到：“黄帝崩，葬桥山。”轩辕黄帝的出生地在庆阳，葬庆阳也有依据。《中国史稿》对黄帝还葬于桥山也有解释：按照当时社会母系氏族的外婚制，本氏族兄弟姐妹不能通婚，兄弟必须远嫁，在互相通婚的对方氏族中找女子配偶，外嫁的男子死后，都要归葬于各自出生氏族。由此可见，轩辕黄帝出生于桥山附近，故而还葬于桥山。

至于桥山在何处？《尔雅》有云：“山锐而高曰桥也。”可见“桥山”取上锐而高之义。《地理志》云：“桥山在上郡阳周县，山有黄帝冢也”；《括地志》云：“黄帝陵在宁州罗川县东八十里子午山”；《读史方舆纪要》第五十七卷载：“桥山，亦曰子午山亦曰子午岭，宁州东百里，即子午岭之别阜，岭北即真宁”。可见黄帝冢所在的桥山，即雄踞庆阳地区南北、长约 300 千米的子午岭，而黄陵就在正宁县境内的子午岭，这是毋庸置疑的。

可是到目前为止，甘肃、陕西、河南、河北都有黄陵，这是何故？特别

是陕西黄陵县之黄陵，不仅得到宋、元、明、清帝王的认可，而且还有陵园、祭祖碑文见证，此又何故？只怕没有人可以阐释这其中的奥妙了。文人有学术的争执，个个有根有据，可以数十天辩论不休且脸红脖子粗；政府有政府的说法，各自有各自的做法，互不理睬。

黄陵为何到陕西

黄陵为何会到陕西黄陵县，而且人们年年于此祭奠？这应当从宋、金时代说起。《金史·地理志》载："中部（县）有沮河、桥山……真宁有午山。"从上列记载看，与前代《地理志》载不同的一点是把"桥山"移了位。从来不见史载有桥山的中部县（现在的黄陵县），却就地生出个"桥山"。而千百年来桥山的所在地真宁县（现在的正宁县），却突然多了座"午山"。此"午山"古不见载，今不见名，也可能系"子午山"之误。"桥山之变"，实为黄帝冢错位之源头。

南宋时期，金人攻破宋都汴梁，收缴宋朝书籍、祭奠先祖的法器，北上黄龙府，后来在现在的黄陵县祭奠黄帝。到明代，战乱，明祖朱元璋派人找寻黄帝陵，在现黄陵县发现金代祭黄帝遗址。于是，大兴土木，有了轩辕黄帝陵园之初。到清乾隆四十一年（1776 年），陕西巡抚毕沅立"古轩辕黄帝桥陵"；民国三十三年（1944 年），中部县还被改名为黄陵县，于是，有了今日黄陵县黄帝陵之规模。

由此可见，轩辕黄帝冢的错位始于金代，立于明代，张之于清代、民国。但黄陵的错位不在于地理，而是人的献媚与奉承。没有史学家的甄别，没有学者的鉴别，只要有一个达官显贵大笔一挥一点，虚无的事便成了铁一般的事实。在奴化的中国特殊时期，这样的现象可谓比比皆是。

黄陵，就是这么一个例子，正好满足了达官贵人的欲望，体现了小吏的献媚。

而正宁之桥山、黄帝陵墓就在混乱的时代变得不为人知。现在人们都知道桥山又名子午岭，系泾、洛二水之分水岭，其山脉绵绵，系甘陕二省之界，经甘肃正宁县、陕西黄陵县，由此，也成了黄帝陵墓说不清在何处的理由之一。其实，现黄陵县之黄陵只见宋、元、明、清时的历史见证，并不见秦汉时期的任何见证；而正宁县却有当年汉武帝率兵 18 万出击匈奴的秦直道见证，黄帝陵则在秦直道不远处。

寻访黄陵

2002 年 9 月 19 日，笔者途经正宁县五倾塬乡，来到了甘肃境内的黄帝陵——位于子午岭西麓的黄陵。远望去，只见一个荒芜的山梁与秦直道遥遥相望：一侧是曾叱咤风云、杀气腾腾的千年直道，近似于现代的高等级公路被荒弃，灌木丛生；一侧是凄凉荒芜的山梁，杂草萋萋、树木林立。偶尔的哀鸦，让人心里泛起无限的伤悲。

子午岭上的秦直道已是不堪目睹，遥遥望去，与现在子午岭的柏油公路相比，心中不免感慨：秦皇汉武，略输风采。数千年前便有这等手笔，现在却变得这般荒芜，即使当年借此道打败明王朝的李闯王看到，也会悲叹“无奈”。

车行 1 小时后，眼前突有开阔之感，在二顷塬村与五倾塬村的交界处，有一东北指西南方向的高大古冢。山上果树成林，道边绿草如茵，山脚是一座水库，倒映山峰，几只小鸟从眼前掠过，留下几声轻鸣。老向导指着山坳说：“这就是轩辕黄帝陵。”

疾步攀登遥望，山坳有领群峰之势，想是它有着不同的含义吧。老向导说，原本不知道这是黄陵，在这山脚修建水库，挖出一块石碑后，才知道这是轩辕黄帝的陵墓。古冢西、北、东三面皆为深谷，一峰耸起，甚为壮观。如以现行公路为底，到冢顶有 40 ～ 60 米。绕冢周围水平梯田 18 阶，每阶高 1 ～ 3 米，阶面宽 2 ～ 4 米不等；冢顶部呈南北长约 70 米、东西宽 30 米的椭圆形状，面积 1500 ～ 1800 平方米。从土层形成看，冢三面临谷，从水土流失的情况看，原冢很大。接着，老向导环指周围山峰告诉笔者，这些山峰分别被称为龙嘴子、龙头、龙尾，轩辕黄帝陵实际上在群峰环抱之间。该冢南边不远就是秦直道，冢东、西两股溪流皆流向东北山谷而去。

古冢南、西、西北为先二顷塬村、龙头村属地，冢东为龙咀子村（系一东西向的长梁，形似龙）属地；东北向侧与乔家塬村、党家塬村相望。五倾塬村两位郭姓老人告诉笔者，传说此地原只有五户人家，且是五个姓氏，故称“五姓塬”，后来转音，叫“五倾塬”，“二姓塬”也叫成了“二顷塬”。问及“古冢”，村里的老人说：“这个古冢据上辈传下来叫‘仙人坟’，又叫‘仙人穴’。不知道修于何年何月，也不知道是谁的坟。原来坟上有高大松树，还说有神灵守护，故无人敢动，小时候在上面放羊，也不敢拾‘柴火’。”

路过冢边的一位马姓老人说：“我们附近的人都知道这是个坟，不是山。但说不清是谁家的。我们这周围再没有这么大、这么高、这么老的坟了。”

后　记

在古冢停留数时，天色突然变得黯然无光，潇潇地下起了细雨，刮起了清风。绵绵的雨无声地落下，打湿了我们的头发，风儿撩起我们的衣衫。“莫非想要我们叩拜先灵？”我心里暗暗地想。

雨渐下渐大，想是老天认为细雨不足以净化天地间的污浊，开始用力地以风雨冲刷着大地与人群。站在野地里，我这般恣意地沐浴着，身体与心灵都感觉到了痛快、淋漓。心里默默祈祷：就让风雨洗净天地间的污浊之物，净化天地间的污浊之气吧！让一个个忙着献媚的人清晰地看到自己，让一个个盲从的人在雨中清醒。

但没有人能够还原了，黄帝陵园也许正如满天的星辰，每一个都有自己的轨迹，每一个都有自己的宿命。不论跪拜者是什么祈求，是什么心愿，哪怕是一份献媚，只要心里真的存在着畏惧与虔诚，也许黄帝也能欣慰，怕只怕是少数人在对多数人愚弄，怕只怕愚弄会这么延续至永久……

但这里的黄陵已经不可能改变它的苍凉了，只能默默地承受着寂寥，就像是一个局外的观众，用世故或淡漠的眼光审视着来往的行者或虔诚的寻根人。对谒拜者的语气应该是这样的：“起来吧，孩子！不必这么讲究礼节。”一份淡然与宽怀悄然袒露。

风雨加剧，向导等几个人已经慌乱不已，疾呼归去。为不做惊世之举，我轻轻抹去额头雨水，对着雨中的古冢——黄陵作揖、默默祈祷。

（写于 2002 年）

探寻周祖发祥地

●“封神”的神奇故事，在我国民间流传了数千年，而故事的背景、统治中华808年的周王朝就发祥于甘肃省境内，却鲜为人知。

●登上周祖陵，回顾千年历史，始知周祖部落的建立，标志着中华民族告别了原始蒙昧，跨入了文明开化的时代。

在甘肃庆阳县城北关、环江以及柔河交汇处，有一高约50米的台地，台地狭长，酷似凤凰首、身，与它相接的南北二水似凤凰翅翼，故庆阳又有“凤城”之称。凤城周长3700多米，有垛口2530余堵，东墙高39米，南北墙高27米，分东、南、西、北、东南五门。传说，此即是周先祖不窋的皇城。

周都迁陕后，历代君王每隔三年便在此祭祖，现在的庆阳南大街还保存着不窋城“周旧邦”牌坊以及周代祭祖的种种证物。

周祖建都庆阳

周族先祖名弃，为帝尧师，号为后稷，管理农耕。夏王朝末期，弃死，其子不窋继承弃的官职，依旧管理农耕。由于夏王朝君王平庸无能，不窋辞去所担任的“稷官”，带领族人来到夏王朝统治地区的边远区域——戎狄之间（现甘肃庆阳一带），另辟蹊径，开创新的家园。

不窋到庆阳之前，庆阳人普遍住着地穴式房屋，这种地穴式房屋潮湿且不耐用。不窋以及周族人到庆阳一带后，便定居下来，教当地人按照陶窑的办法挖窑洞，并将窑洞建筑推广到周围戎狄部落，改变了庆阳人的居住条件和习惯。他们还教人们开辟川地，发展农业，栽花种草，改变自然环境，使庆阳的人们由以畜牧为主的不定居生活，发展成为以农业为主的半农半牧生活。居住、生产基地确定后，不窋选择庆阳地形两河夹一山梁地段，利用崖边天险削土建城，建立了周族姬姓部落政权的都城。之后，姬姓文化和生产技术被周围部落所接受，并逐步和周围的戎狄部落融合，奠定了姬姓部落的政治联盟。

《史记·周本纪》概括说：“不窋……自窜于戎狄之间，不敢怠业……不忝前人。”周人自不窋入庆阳，大约历经 15 代、300 多年的历史，是庆阳地区早期开发者之一。《汉书·地理志》记载：“安定（今镇原），北地好稼穑，务本业，有先王之遗风。”周人在庆阳开创的农耕文化，为以农为本的周朝战胜殷商奠定了基础，并对推动整个华夏民族的政治、经济和文化的发展产生了深远影响。

传说：周老王斩龙脉

在庆阳县城内，周祖遗迹随处可见，周祖文化的标志遍布大街小巷，庆阳人继承了古老的窑洞，“周老王斩龙脉”的故事也人尽皆知。

这个流传了几千年的故事，就在庆阳县城南不远的斩山湾上演绎。山湾一侧是以前周祖养鹅的遗址，山湾两边崖壁陡峭，虽经数千年风雨侵蚀，但两岸崖壁开凿的痕迹仍然依稀可辨。

相传鞠陶（周祖不窋之子）主政后，加强了对农耕的发展，并提倡饲养猪、牛、羊、鹅等家畜，栽花种草，使姬姓周族人和周部落日渐昌盛，同时对削土而建的不窋城不断进行加固修复。但是，由于庆阳城是水围之城，每遇大雨，两河暴涨时，城垣就有被淹没的危险。经过几次山洪淹没城垣后，鞠陶为了城内居民的安全，多次详细考察周围地形后，决定效仿大禹，削掉两河在城南交汇处的一座小山头（当地人称为土龙），让河水直流而过，减轻洪水对城垣的压力和冲刷。

当时人们思想落后，认为挖断龙脉不吉利，加上生产工具落后，所以鞠陶遇到的阻力很大。但是，鞠陶依然动员、领导族民和拥护者，经过 49 天不分昼夜的挖掘，将南山挖出一个大口子，使河水畅通，解决了不窋城的水淹之险。据说，为挖开山头，鞠陶亲自在山头监工，并举锄挖山。后人把这段故事叫做“周老王斩龙脉”，同时，也被传成了神话。

神话故事是这样说的：戎狄一带原无洪灾，不窋城修建后，也并无大过，只是鞠陶加固城垣时，高过了南山，而南山本是土龙，见不窋城高于它，便发洪水淹。鞠陶得老祖弃托梦说了马莲草斩龙脉护城之法后，便果断地斩山断龙脉，保城垣以及族民的安全，而这条河则被称为“马莲河”。

站在马莲河畔，展望今日庆阳老城，无论鞠陶是毅然开山疏水，还是斩山断龙脉，他毕竟防汛疏水保了一城居民安全，为中华农耕文化作出了贡献。这一切，涓涓流淌的马莲河默默地见证着。

周祖陵的石阶

跨河而过，与庆阳县城遥遥相望的东山巅，有姬姓周族人先祖不窋的陵墓，当地人称之为“周祖遗陵”。从山脚到山巅不窋坟，途经石台阶 822 级。据说这 822 级台阶大有讲究，最开始的 14 级代表周族 14 代人，以后的 808 级代表了周王朝统治中华 808 年。

说起周王朝统治中华 808 年，还有一段故事。商殷纣王统治时期，周文王遭囚回周国之后，一夜，忽梦西方火光冲天，一只有翼之飞虎向他猛扑而来。文王醒来后与众臣子讲起方知：西方将出帅才，辅佐周室。

后来周文王在蹯溪迎得姜子牙，并背负姜子牙 808 步后，拜其为相，讨伐纣王朝一统中华。传说，这预示着周王朝 37 代君王统治中华 808 年的历史。

周王朝统治中华 800 余年，对我国文化、教育、农耕发展起到了促进的作用。至今还有些地方保留着周朝婚嫁、丧葬习俗的残迹，如电影《刘巧儿》中的一段抢婚戏，就发生在庆阳境内。

周祖后代在庆阳

来到庆阳县城东山巅周祖遗陵，周祖不窋坟就在一侧，陵前有祭君王的太牢、少牢。

向导告诉我说，每年清明，就有姬姓和虎姓的后人前来陵园扫墓祭祖。据说，周王朝败于秦王朝后，遭遇灭族之灾。在京城的姬姓人多被斩杀，仅少数人逃到宁夏固原，甘肃环县的虎洞、毛井隐居，并改姓虎。到清朝后，有人迁回陕西岐山改姓姬，有的人依然姓虎。

从古至今，不窋陵就是一个大陵园，并有历代文人墨客、官吏作赋遗留

的石碑。清朝顺治年间，庆阳知府李日芳曾在此写下“感慨周家千载业，原陵一片野云生”的佳句。今日的周祖陵与李日芳笔下的荒陵相比，真有天壤之别。

向导说，根据甲骨文的推断，那时，周族上层已有了文化教育。其内容有：教育后代，祖宗的功德不能忘记，祖业不能废弃；开展天象、物候及历法知识教育，并进行生产、生活、宗教祭祀的规则教育；同时还经常开展百工技艺教育，即生产、生活所需的实用技术教育。不仅发扬了周祖文化，也奠定了中华民族的古文明。目前，庆阳依然扶孤敬老成风。

［采访手札］

我探寻周朝以及夏商王朝先人的生活足迹，希望从他们的生活足迹中找到敬畏、信仰的影子，找到中华文明的精髓。

探访中，我仿佛看见先人们虔诚的生活场景，看见先人们为了生存谨小慎微地与大自然抗争的同时，融入自然界并尊重自然的状态，他们对超人类的力量充满敬畏，遵循着地球上每一种生物的生存规则，用人类的智慧开拓了一个尊重自然、遵守规则的生态场景。

（写于 2002 年）

走进秦皇故里

说起秦始皇人人皆知，他的功过自有历史评说。但是，鲜有人知道，秦始皇的祖先，“秦嬴”这个姓氏，发祥于甘肃一个名叫礼县的小山城。

在这座小城，不仅出土了西秦精美的四轮车，而且还出土了与数千年前的双辕车极其相似的双辕车模型。目前，尽管诸多文物已流失，但礼县是古代秦国西垂陵园所在地已不可否认；谜一般的秦国西垂宫也将因此而被揭晓。

2000多年前，中国历史上的第一代封建帝王——秦始皇，叱咤风云，统一中华，分天下为36县，统一货币、文字，修建长城，创造了世界奇迹，并在世间留下了种种传说。

幸与不幸的发现

陇南地区礼县是甘肃省一个不起眼的小山城，但这个山城自从出土青铜器、玉器以及金器后，消息像长了翅膀一样飞遍整个甘肃，于是这里也成了走私者的宝地。

传说，当地村民在耕地之时，或大雨天气山体滑坡之时，偶尔能捡到出土的古物，由此，在附近村庄“淘宝”成了很多人的喜爱。同时，这里也成为一些盗宝者的狂恋之地。

“是盗墓贼首先发现了秦朝第一陵园——秦西垂宫遗址。”当地文物部门负责人介绍。站在陇南地区礼县永兴乡大堡子山头，望着现已被开垦成耕地的秦人第一陵园——西垂陵园遗址，我脑海里浮现出一些场景……

1919年，在大堡子山附近的红河乡王家台出土了秦公墓；1944年，在天水南乡，一场暴雨过后，山体滑坡，又出土了数辆古车。古墓主人虽没有认定，但是此处有宝，人人皆知。20 世纪 90 年代初期，一些文物商贩勾结当地的不法分子和部分愚昧的农民，在大堡子山进行了一次大规模的盗掘，被挖掘的有两座大墓和两座顺山体南北排列的马车坑，两座土墓一为“中”字形，长 115 米；许多珍贵文物被盗，并流失海外。

礼县有关领导说，大堡子山古墓被盗后，甘肃省有关部门立即组织人员进行抢救处理，挖掘了大堡子山古墓，与此同时，有关部门也收集了不少流失的青铜乐器、礼器、兵器、生活用具、金箔饰片等文物；之后，在大堡子山对面圆顶山又发掘了几处古墓，并出土了一辆四轮马车。

礼县文化局的负责人告诉我，经专家鉴定，这些古墓是周朝晚期至春秋早期的秦国王公陵墓，礼县永兴乡的大堡子山很可能就是秦国的西垂王陵，而被盗大墓极可能是秦国先祖秦仲、秦襄公的陵墓。

大堡子山前话西秦

从地理上看，永兴乡大堡子山距礼县县城 15 公里左右，西有汉水、南有峁河水。

据《史记·秦本纪》记载：“非子居犬丘，好马及畜，善养息之。”此犬丘亦在甘肃礼县一带，而非子则是秦国开基创业的一位重要首领。秦非子受封“秦”，保周朝西垂之后，便有了秦氏一支部落。公元前 868 年，周厉王无道，诸侯造反，西戎亦反周朝，犬丘被西戎占领。公元前 847 年，周宣王即位，令秦非子后人秦仲伐西戎。宣王 6 年，秦仲被西戎部落所杀，秦仲之子秦庄公兄弟 5 人率 7000 兵马大败西戎，周宣王将犬丘一地赐予庄公，并封其为“西垂大夫”。庄公死后，其子襄公继位，因保周室西垂有功，被周王朝升封为秦国君，与晋、齐、楚、宋等诸侯国平等。秦国的开端奠定了统一中国的秦王朝的基础。

但是对于秦发祥于犬丘一地学界仍有争论。礼县一带为西犬丘，而陕西兴平县东南亦有“犬丘”之称。经发掘的文物鉴定，礼县以西汉水一带为西犬丘，是秦之发祥地，故称为“西秦”。

站在西垂陵地上，望着经过变迁的犬丘之地，我不禁感叹：西垂陵园虽然已发掘，但是由于大多数珍贵文物依然流落外地，甚至国外，使国内专家对前秦时期的文化、工艺、冶铁技术难以全面了解，仍有许多难解之谜，也给考古事业造成了极大的损失。

遗留至今的双辕车

在礼县有关人员的带领下，几经周折，我有幸欣赏到了与现代相距数千年而工艺制作精美的西垂王陵古墓出土文物。礼县博物馆展览室进门的左侧有一组九件套的秦编钟，挨个悬挂着，大编钟约30厘米高，小编钟约10厘米高。编钟为青铜所铸，鼓部装饰对凤纹，造型精美。据介绍，这组编钟不仅价值很高，而且音律无损，此类编钟系当时王侯贵胄府中之物。

在这些珍贵的文物中，一辆长约10厘米的微型青铜四轮车非常引人注目。此四轮车车厢为长方体，其上有两扇小盖组成的盖，车厢顶上有4只站立的小鸟，可以灵活转动；打开车厢翻盖的两个平柄，分别是一个蹲坐的熊形纽和一个跪坐的人形纽；车厢的侧面趴着4只老虎。这些动物、人形象生动，神态逼真，工艺精美。

据有关工作人员介绍，有人认为这是古代殡葬车的模型，也有人认为是古代贵族妇女存放化妆品或首饰用的盒子。此类独特的造型和机关设计在中国文物中尚属首次发现。

当地乡亲说，在与礼县相距数十公里处的一个山村，有更令人叹为观止的车辆，那就是前秦遗留至今的双辕车。该车呈长方形，从车轮到车辕，没有一丝铁，全是木制机关。

后　记

礼县大堡子山有“宝”，已是众所周知，但是前秦祖陵的发现在礼县还是造成了不小的轰动，当地人纷纷以秦人后裔自居。

当地乡亲说，大家管秦公墓的风水叫麒麟穴，是龙脉，而秦公墓则在命门，故后来才出了像秦始皇那般能统一中国的人才。

有关专家也指出，大堡子山秦公墓的显著特点就是殉人，而且殉葬的大多是青年人，摆放的方向也不一样，有的头朝东，有的头朝西，有的是被杀而殉，有的则是活人殉葬，有的殉葬人随身还带有饰物。

初闻大堡子山秦墓被发现时，我正从陇东回到兰州。

秦墓的出场和很多古墓的故事如出一辙。一个或一伙盗墓者，在一个或多个伸手不见五指的黑夜，挖开了陵园的入口，将一件又一件的古物搬出陵

园，然后将古物贩卖到国内各地乃至世界各地；之后，有关部门就发现了陵园，根据陵园残落的古物做出判断。

不过，让人惊异的是，不论是现今物质丰富的社会，还是兵荒马乱的时代，挖坟掘墓好像是一种时代潮流。有人说，这是中国社会道德沦丧的表现；有人说，这是中国社会没有信仰、没有敬畏的表现。

离开大堡子山后，我依然在不断地追问，究竟是什么原因导致了国人拥有这样的“嗜好”？真是物质匮乏？还是价值与信仰缺失？如果是价值与信仰缺失，那么又是什么导致的？如果价值与信仰缺失，那么价值与信仰的全貌是什么呢？

我一脸迷茫。

（写于 2002 年）

放眼秦长城

一堵秦长城，隔开了城里城外两边人的土地，也隔开了两边的气候、历史。古时候，长城两边是敌人，现在却互助互帮亲似一家人。

在甘肃、陕西的交界处，与洛河、马莲河的分水岭上，有一条蜿蜒延伸、逶迤连绵在群岭之间的荒塌土垒，它虽然看上去破旧不堪，却依然不失威严和磅礴的气势；这是一条以黄土板修筑的、正遭劫难的长城。站在这一堵土墙上，很难相信这就是当年抵挡匈奴的长城，也很难想到，这堵长城将会是田埂。

往事越千年，烽火连天筑长城

公元前 306 年至公元前 251 年春秋战国时期，秦昭襄王在黄河以南、陇山以北地区修筑长城，达到了防御匈奴入侵的目的。秦始皇统一中国后，北方匈奴的势力也日渐强大，对秦王朝政权构成严重威胁。

公元前 214 至公元前 212 年间，始皇帝遣蒙恬率戎卒并征集民夫、罪徒和暴民修筑、连接诸侯国的长城。《史记·蒙恬列传》明确记载：“秦已并天下，乃使蒙恬将三十万众北逐戎狄，收河南。筑长城，因地形，用制险塞，起临洮，至辽东，延袤万余里。于是渡河，据阳山，逶蛇而北，暴师于外十余年。”

这些史料说明，始皇帝统一六国后，确实大规模地修筑过长城。依据历史资料，秦长城西面的起点是今甘肃临洮县北的三十里墩，止于辽宁；在甘肃境内是从临洮经长城岭、长城坡入渭源县，进陇西，过庆阳，途经庆阳镇武原武沟、马渠、殷家渠，到环县、华池，从华池县的乔川乡入陕西境内。

目前，大多数长城墙已经消亡，仅发现经甘肃七县，其中过庆阳地区三县十乡全长 200 多千米的沿途中，还有部分遗迹得以保存。

秦长城的修建对于当时巩固边关、防止匈奴入侵起到了积极的作用；但是，滥用民力、严役酷刑，也使民众受害莫大，因此加快了秦王朝的灭亡。《史记·淮南衡山列传》中写道："当是之时，男子疾耕不足于糟糠，女子纺绩不足于盖形。遣蒙恬筑长城，东西数千里，暴兵露师常数十万，死者不可胜数，僵尸千里，流血顷亩，百姓力竭，欲为乱者十家而五。"秦长城的修筑使民怨沸腾，反秦之心日愈激烈。秦长城没有起到保家卫国的作用，反而促进了秦王朝的灭亡。由此可见，"水能载舟，亦可覆舟"，其理尤深。

一墙两"世界"，长城是多样的屏障

在庆阳市华池县元城乡林沟村、南梁村和陕西省吴旗县林沟梁、路掌、胡掌村交界处，有一条高二三米，顺山脊沿沟若隐若现、时断时续、蜿蜒延伸的土垒，酷似倒塌的土墙，当地群众叫它"边墙"，实际上是战国时期前秦昭襄王修筑的长城。

长城的北边是陕西，南边是甘肃；历史上长城北边是塞外，南边则是中原大地；抗战时期一墙之隔的北边是"红区"，而南边则是"白区"。1947 年，马匪（马步芳）部队由华池县元城向北进犯，沿途烧杀抢掠疯狂至极；但当听说前面已是边墙，匪军如丧家之犬南窜落荒而逃。那些年，南边不安宁，老百姓都到北边去躲避。当时，北边的老乡常说："我们这边有毛主席，白军敢过来吗！"

长城不仅是军事屏障，南北气候也有明显差别。北边晚霜去得晚，冬小麦正在拔节时就被春霜冻成"黑茬"了；早霜来得早，当荞麦挂上黑颗时，秋霜便早早来临把荞麦冻成"狗肠子"。所以，北边的麦子熟得迟，产量也低，南边的麦子熟了时，北边的麦子才呈绿黄色。麦子上场时，北边人先到南边帮忙，忙完后，南边人来北边帮忙还工。日子久了，两边的人亲似一家，不分你我。但是，老天爷就是常跟北边的乡亲过不去。每到六七月间，午后的晴空突来一片乌云，霎时间电闪雷鸣、冰雹倾盆，把庄稼都打成秃桩桩；南边则是红日高照，或下几滴毛毛雨，庄稼颗粒无损。在战火纷飞的时代，对于老天爷的偏心，北边人心里闷骂娘，南边人也为北边人的生活忧心。

一堵秦长城，古时候间隔着敌我，现在却连着两边人的心。天灾人祸时，两边的人们互助互帮；风调雨顺时，两边人更似亲人世代友好，民间亦通婚、通商、交流生产技术，从不为争夺势力范围而发生斗殴。每到节庆日子或是农忙过后，风调雨顺的年头，两边的乡亲便开始串门。南边人一般都吃白面，北边人一般都吃荞面。南边人去北边串门时总想吃荞面，因为北边用荞麦做的面又白又香，又长又细，不仅不胀肚子，而且营养价值高。但是，北边人待到南边人来了总是想方设法地弄来白面招待客人，他们认为，荞面是粗粮，给客人吃了不尊敬客人；客人呢，吃不上荞面心里则不美气。

说到吃，也有令长城北边人骄傲的东西，那就是黄酒。北边的黄酒酒精度数高，香醇，回味悠长，名气大。但凡喝过两边黄酒的人都知道，北边的黄酒比南边的好喝。不过，如今就不同了，随着经济发展，长城南边的人也种起了荞麦，而且还种上可以治疗高血压病的苦荞麦，把荞麦当成一种优势产业发展。当地乡亲介绍，现在，国家政策好，百姓生活也大有改善，他们（长城南边）这边气候好，种的荞麦比北边的更好，产量也更高。

依据有关部门的说法，荞面营养价值比白面高，还是保健食品，所以，如今长城南边鼓励大面积种植荞麦，转地方优势资源为优势产业；不仅如此，他们还要把当年毛主席都说好的黄酒也发展起来。

风雨沧桑，长城荒塌不堪

2002 年 9 月 19 日，我来到了华池县乔川乡铁角城村的秦长城边。三码子（农用车）沿着大红梁山崎岖而狭隘的毛边小道，颠颠簸簸地往山上爬，原本闷热的天气，也随着上坡变得凉爽。迎着凉风远远望去，一堵高二三米、酷似荒塌土墙的土垒，在山的峰刃间起伏、延伸，就似一条巨龙僵卧于山脉上。同行的向导伸手一指：“那就是长城！”“那就是长城？”遥望着荒塌的土垒，我的心情随着起伏、盘旋的山坡低落了。

营盘山是我们一行到达的第一处长城遗迹，一条十多米深的沟壑之上，一条形似城墙的土垒，在山与山之间形成一条倒挂虹。爬到山岭后发现，长城显然是被村民耕地时破坏的，因为在有土垒的山坡上，到处都种有开着或粉红或雪白小花的荞麦，一片连着一片；荞麦地的尽头是正在成熟的玉米。

当年的兵站已是小麦地了，这条荒塌的土垒就像一条分水线，把陕西、甘肃分开，也把两边的耕地分开。瓦当、陶片就在路边、城障上一堆堆、一层层地散着，有的袒露在地上，有的半掩于土中；瓦当、陶片上的绳纹虽清晰，但是保存得并不好。当地村民开荒种地时，开垦长城的痕迹也是随处可见。

向导说，近年来，长城被村民开垦破坏最为严重。在这些地方，还挖掘出了不少兵刃、箭镞和陶器，那些随处可见的瓦当是挖掘时被破坏后遗弃的；长城附近许多人家里都有挖掘出的兵刃、箭镞和陶器，且保存完好。只可惜，在营盘山烽燧旧址内，我们只看见残碎的瓦当、土坟似的一堆土和半圆形的城障。

同行的向导告诉我，华池县内的秦长城是用黄土板，在高原沟壑水土流失所形成的山梁上削筑，并在平处起筑而成，一般不夯地基。沿线附建城障、烽燧，以适应防御、情报传递和供养之需，并在地形险要的山峁或沟壑边缘设立兵站防守边关。但是由于多年来兵祸、天灾颇多，加上农民开垦破坏，昔日长城早已面目全非了。

望着延伸在山峰沟壑的土垒，听着向导讲述着土垒的变迁，随手拾起残破的瓦当，脑海里出现当年秦始皇移民充边，鼓励贫民迁徙边疆、开发边疆的情景。

尽管当年移民数量在史料上没有记载，但是，看着眼前一层层的残瓦破罐，可以想象当年秦始皇充实边防、开发边疆的决心，以及当时人口的稠密、边关的繁华。当年的人们，如知道今日边城的荒芜，不知感想如何？回首瞭望远处繁华的城市，心中不由感慨，千百年后我们繁华的城市，是否也会如此荒凉不堪？

（写于 2002 年）

探秘两千年前的“高速公路”——秦直道

2000多年前，秦王朝大将蒙恬率兵30万之众、历时2年，修筑了一条长900多千米的“康庄大道”。大道由陕西淳化县起，穿过莽莽子午岭原始森林，横跨滔滔黄河，延伸至茫茫大漠，到达内蒙古包头市并贯穿包头市南北。据说，秦始皇曾率骑兵、步兵、战车从此道出击匈奴，巡视神州36县；汉王朝时期，武帝刘彻率兵80万沿直道北上，将匈奴人击败并将其逼至阴山以北，匈奴人甚至不敢南下牧羊。

依现代社会直观的说法，当时的直道可以并排行驶15辆卡车。千百年来，这条大道紧紧联系着内地和边疆的人们以及两地的经济发展，被现代的人们称为2000多年前的“高速公路”。

遥想当年千军万马在直道上奔驰的豪迈画面，一睹秦直道风采的想法，悄然在心底产生。

寻访秦直道

2002年9月5日，是个晴朗的日子。因为要去寻访千百年前的秦直道，寻找秦皇汉武的痕迹，因为要去完成一个小心愿，我的心情和天气一样明朗。

甘肃省华池县毗邻陕西省，也是直道出甘肃向陕西延伸的最后一关，是我寻访秦直道的第一站。

在往营盘山梁的途中，随行向导老王介绍说，秦直道在华池县境内有110千米，由白涧山梁到白马崾岘进陕西；现有几处烽燧、城障以及直道保

存还算完好。

听老王言罢，欲见直道的心情更加迫切。车到半山腰时抛锚了，我们弃车徒步而行。走在荒芜的山岭上，除了时而见到的几块荞麦地和偶尔见到的汉瓦，整个山岭一片荒凉，我的心情也由此而低落：山岭如此荒凉，2000多年前的直道又能保存成啥样？天老爷用雨雪、冰雹疯狂洗劫，而地老爷却放纵地任土地流失，秦直道还能好么？

几十分钟后，我们到了秦直道遗迹之一——营盘山梁。

行走在探寻直道的路上，放眼望去，但见山岭上，秦直道断断续续，被雨水冲毁的痕迹随处可见，沟壑与坍塌的痕迹比比皆是，有的地方野草肆无忌惮地蔓长，有的地方土地赤裸裸地袒露，还有的地方已经变成农村人的庄稼地……

昔日宽广的直道，已经变成了一条延伸向旷野的毛边小道，偶有几处虽然还保持着 10 米至 20 米的路面，但是，道路短不足 100 米；塌陷的路面和残碎的秦砖汉瓦一样随处可见，如同昨日遗弃的残渣，任由路人践踏，任由尘土掩埋。

秦直道“道面宽 50 步、3 丈栽松柏”的景象，成为史学家、考古学者探讨的话题，成为民间流传的传奇。当年传讯的烽燧、兵站，早已变成一堆堆土坟、一片片空地，或者是被人们挖掘寻宝后遗留的一个个土坑。

向导介绍说：“在这些烽燧里，曾经出土过不少铁器和瓦罐，直道附近的村民家里还保留着一些铁器和瓦罐……”边说边看着那已是毛边小路的直道，向导的表情也有些惊异，他说：“以前那古道还好好的，现在可能是被一些农民开垦土地时破坏了……”

就在我们的不远处，几个农民操着古时战戈似的镰刀，正在直道边的耕地里忙着农活。一位老年农民说，此处秦直道在他年少时还保存有五六米宽，时隐时现地向陕西境内延伸，直至咸阳，沿途的残碎瓦片多得很；几年前土地开垦时直道被挖坏不少，有一段还是用推土机推的。

调令关感怀筑路英雄

或是由于子午岭原始森林的缘故吧，合水、正宁等地秦直道的保存就好多了。因为直道已经断断续续，甚至不能行走，我只能依照手中的资料一一寻找它的痕迹与片段。

车到甘肃省正宁县五倾原乡后，沿着子午岭山道，经过轩辕黄帝陵，穿过茵茵绿树、萋萋芳草，秦直道就在眼前。这是连接华池直道的前端。

站在秦直道前，望着林木森森的子午岭，秦朝擎天柱、大将军蒙恬服毒而亡的悲惨一幕仿佛在眼前浮现，史书记载，那一幕，就发生在正宁境内子午岭上东南的调令关。

调令关，是直道由陕西省经子午岭主脉进入甘肃省的第一道重要关隘，直道由此南来北上。从调令关往东有可以往陕西铜川的古道，往西有可以到甘肃正宁县罗川的古道。顺着向导的指向，望着巍巍子午岭，听着阵阵松涛，昔日英雄追逐匈奴的吆喝声、战马的铁蹄声、刀戈相击的金属声和在风中狂舞的遍野的旗帜、蒙恬自尽调令关前的悲凉情景与长叹，组成一幅幅音画交响诗，一一回响在耳边、出现在眼前。

“直道柏森青草侵，烽燧尘厚虫鸟鸣；犹忆簇舞千嶂暗，难寻残堡铁戈寒；山风幽幽千古叹，直道雄岸不复还。”

公元前210年，秦始皇第五次南巡至九嶷山，在归途中病发于沙丘而亡。秦始皇死后，赵高、李斯把持朝政，篡改遗诏立昏庸的胡亥为王；而此时，大公子扶苏和大将军蒙恬正在北地上郡守边，防御匈奴。扶苏突闻秦始皇帝噩耗，悲痛欲绝。

赵高、李斯却害怕蒙恬不服胡亥为皇，于是，便假拟诏书赐死扶苏、蒙恬。扶苏接到诏书后，在悲痛中立即自刎；唯独蒙恬识破诡计，不愿意自杀。赵高得知后深感不安，便让胡亥下诏书调回蒙恬问罪，一天发诏书24道。

感念秦始皇的大恩，蒙恬自囚回京，行至调令关时，接到胡亥“就地处死”的诏书后，蒙恬望着子午岭，一声长叹服毒而死。附近农民听闻后，敬畏大将军守边有功，一个个伤心哭泣。自此，秦王朝对付匈奴的“长城”倒塌。

2000多年前的雄师已不复在，而当年据兵的两层窑洞、点兵台，却“风采”依然；只是以往的雄师，换成了一棵棵挺拔的松树。

沿着直道，在树荫下前进，看当年据兵的窑洞，虽然已经陈旧破烂，但是从窑洞的宽阔，可以想象当年兵勇的生活：冬天在窑洞内围着篝火喝酒、骂娘；夏天在树荫下纳凉、思念亲人。

沿山岭深一脚、浅一脚地走去，前面就是车皮坡遗址。该遗址是一座天然城堡，四周高耸，中间低平，地面散布着瓦片、纹板，仿佛就是昨日才被遗弃的城市。望着险要的地势，可以想象当年一夫当关、万夫莫开的豪迈。

由此而去是陕西太白镇，临近当年的皇都咸阳。这一带森林茂密，杂草丛生，风景优美，气候宜人，只是在几处兵站据说蛇虫颇多，故行人甚少。就在甘肃省与陕西省交界的不远处，竖着甘肃省人民政府立的“秦直道”石碑。

直道实为古代军事要道

公元前212年，秦始皇命大公子扶苏、大将蒙恬率兵30万，一边修筑直道，一边镇守北方。“道广五十步，三丈而树，厚筑其外，隐以金椎，树以青松而千八百里。”(《汉书》)

秦直道出云阳古城北门，上英烈山沿庙沟直至石门，向西北行进入甘肃宁县，转东北到烧锅梁进入甘肃正宁县，之后再往北到合水午亭子，沿子午岭巅行进。这段直道虽然有1560米的海拔，但是地形平坦；道旁平地多被开垦为农田，犬吠鸡鸣、炊烟袅袅，颇似世外桃源。

直道且有交通枢纽的作用，南北为直道，东则可通陕西富县，西则可达甘肃宁县。沿子午岭继续往西，便是甘肃华池县。进华池县后，就是黄土丘陵地带。这里人烟稀少，植被稀薄，土地贫瘠，气候干旱，直道虽崎岖凹凸，但道迹清晰。

直道向北横穿长城至陕西定边、吴旗和甘肃华池，向东北沿无定河西侧前行进入沼泽遍地、草原如茵、牛羊成群的内蒙古鄂尔多斯草原，然后北进尹金霍洛旗，再至黄河南岸现昭君墓附近，最后北过黄河转东北到达包头市麻池古城——九原郡郡址。秦直道全长900多千米。

这样的工程建筑，以当时的生产力水平，短时竣工实在艰难，但是，两年后，也就是公元前210年，蒙恬就上奏已经完工。

直道修筑后，在历史上曾起了十分重要的作用，它和长城互相为依托，构成了防御整体，对军事用兵，加强北地和内地的经济文化交流，促进生产的发展起过十分重要的作用。据史料记载，为阻击匈奴，秦始皇从陕西甘泉宫出发，骑兵、步兵、战车在直道并排而行，3天3夜便赶到内蒙古的阴山下；曾经驱逐匈奴350多千米，使胡人不敢南下牧马。

沿途的烽火台能和现代通讯工具相媲美，也由此可见修筑直道的目的就

是和长城一样，旨在防御匈奴南下侵略，并且在沿途屯兵扎营，建成传递军事信息、储备军事物资的重要通道，加强内地和边关的联系，强化对匈奴的抵抗和防御能力。

秦直道不仅在秦时起了极大的作用，在以后的各代王朝都起着军事防御和生产发展的作用。据载，汉武帝曾率兵80万，沿直道北上，逐匈奴千里；卫青、霍去病皆是沿直道驱匈奴，并移民数十万屯垦充实边关，促进边关经济发展。汉王朝不仅积极利用直道，而且还对直道着力维护。

唐代李世民北征亦是沿直道而上。甘肃合水县王村寺有一块记载李世民经过直道的石碑，其上头一句就是“唐武德四年李世民北征经过圣道”的字样。秦直道在明代依然是条通道。乾隆《正宁县志》载：“明时以其道直抵银、夏，故商贾经行。”直到清王朝以后，直道才逐渐被世人遗弃。

由此可见，秦直道是一条在特定历史条件下修建的军事要道，并在历史上发挥过重要的军事作用。随着它的军事功能消失，秦直道也渐渐被人们遗忘，成了一条见证历史、饱经沧桑的古道。

［直道大事记］

●公元前212年，秦始皇三十五年，始皇帝欲出巡天下，令大将蒙恬率30万大军，从内蒙古九原郡至陕西甘泉宫修建一条大道，道宽50步，沿道3丈栽松柏一棵，并立有路标；公元前210年，900多千米的大道竣工。

●直道筑成后，秦始皇使骑兵、步兵、战车在直道并排疾行3天3夜，于阴山下逐匈奴350千米。秦始皇三十七年，秦始皇出巡于平原津病逝，赵高等人沿直道回咸阳发丧。

●公元前124年，汉大将卫青率3万铁骑，沿直道夜袭匈奴，仅匈奴右贤王与几百骑人逃脱。公元前121年，卫青、霍去病再度沿直道出击匈奴，使右地浑邪王归降，单于逃跑。

●公元前49年，汉元帝将后宫女子王昭君赐予单于；王昭君背井离乡，沿直道出塞和亲，也结束了内地与塞外的敌对局面。

●汉王朝以后，直道一直是历代王朝与塞外兵家必争之地。北宋庆历元年（公元1041年），范仲淹于直道途经的马铺寨修筑大顺城，抵御西夏。

●明崇祯八年（1635年），李自成自称闯王，率农民起义军沿直道南下与明军作战，攻正宁、入宁州、踞铁角城，由直道挺进中原。

●清王朝以后，秦直道开始逐渐荒落。

●20 世纪 60 年代，秦直道再次展现在人们面前。

[采访手札]

秦王朝的出现，是中国封建社会与独裁社会的开端，亦是民主社会与自由思想走向消亡的开始。秦王朝出现之前，九州诸国林立，思想百家争鸣，不论是道家言论，还是儒家思想、法家观点，均可以放声申辩，针锋相对。人们的表达权利、接受教育的权利、生存权利、生育权利均得到了充分尊重。

虽然背影模糊且遥远，但看上去，那个时代好像是中华民族民主思想培植的摇篮。

秦王朝之后，中华民族的文化从多样性均衡发展逐渐变得一家独大，文明的形态失衡，模样变得畸形。在那个独裁的王朝，不被官方认可的思想、言论、行为被直接或逐渐毁灭，不被官方认可的文化者或文字均被抹杀。

有人认为，那是一个文明悲哀的时代，信仰沦丧的时代。也是从那时候起，中国社会的文明与信仰走向了沦丧，开启了打碎文明、颠覆历史，在废墟上建立文明，在废墟上建立历史的开端。

我认为，这是中国社会文明的分水岭。

（写于 2002 年）

皇甫谧：甘肃中医学第一人

在甘肃省中医学院骨科针灸学院，每年新生到校，老师都会给他们讲述甘肃名医皇甫谧和他的《针灸甲乙经》，不仅如此，近年来该院还教出一批颇有成就的“洋弟子”。

事实上，在甘肃省平凉市灵台县独店镇张鳌坡村，皇甫谧陵园和“花园”、“书台”，被列为甘肃省重点文物保护单位。皇甫谧在中医学，特别是针灸学上开创了历史的先河，更是中华民族先人励志向上的代表者。

史书记载，皇甫谧年少时不学无术；20 岁后，开始如饥似渴地发奋读书；40 多岁时，身染风痹症，他以自己的身体做试验，著出举世闻名的《针灸甲乙经》。

走进甘肃省中医学院，一座塑像迎面而立，其貌不扬，但两目有神。医学院骨科针灸学院何院长告诉我，这就是甘肃省的古代医学家皇甫谧。论医学成就，李时珍不比他低，之所以把皇甫谧的塑像放在第一位，就是因为他是甘肃医学界的标榜，特别是在针灸方面，他作出了巨大的贡献。

骨科针灸学院刘老师介绍，皇甫谧留下的《针灸甲乙经》是学生学习中医，特别是针灸的必修科目。《针灸甲乙经》给现代医学留下许多宝贵的经验，其中有他试验出的穴道、分经、分部的治疗方法，在《内经》的基础上考证脏腑和经络的联系，以及 500 多例疑难杂症的病例案。

刘老师说，在每一个新生到校的第一天，他们都会讲述皇甫谧在中医学上的成就，以及流传至今的《针灸甲乙经》。现在，他们的许多课题是以《针灸甲乙经》为基础、结合现代医学的研究。皇甫谧遗留下的《针灸甲乙经》，使得针灸治疗术不仅在国内日渐被重视，而且还备受国际医学界推崇，他们把针灸治疗术称为“自然疗法”；甘肃中医学院还曾带出一批颇有成就的“洋弟子”。

接着，几位专家教授与我讲起了皇甫谧和他的《针灸甲乙经》。

皇甫谧和《针灸甲乙经》

皇甫谧出生于今甘肃省灵台县朝那镇皇家湾，出生后不久生母亡故，其父把他过继给叔父抚养。之后，年幼的皇甫谧就随叔父母迁居至河南渑池。皇甫谧直到20岁时还不喜欢读书，整天无所事事地游荡，人们都说他是个不明事理的傻小子。

一天，他把收获的瓜果给养育自己成人的叔母任氏送去，心想叔母一定会称赞自己。但他万万没有想到，他的孝心不仅没有使叔母稍感宽慰，反而使叔母自责没有尽到教育他的责任。她对皇甫谧说，你今年20多岁了，忘却礼仪，不思正道，怎能使我安心呢？过去孟子的母亲三次搬家而使孟子出息成贤人，难道是我没有选择好邻居或者对你的教育有所缺失？说罢，叔母痛哭流涕。

这件事对皇甫谧触动很大，他从此幡然醒悟，立志自学成才。他拜新安（河南渑池）有名的学者席坦为师，如饥似渴地刻苦学习。他经常拿着经书去耕地，一面干农活，一面学习，坚持勤学不怠，达到“耽玩典籍，忘寝与食”的程度，当时人又称他为“书淫”。

42岁时，皇甫谧不幸得了半身不遂的风痹症，但是他依然手不离书，日夜学习。有人劝他不必过分沉湎于读书，以免损耗精神，他却说：“朝闻道，夕死可矣，况命之修短分定悬天乎！”疾病的折磨也使他坚定了学习医学、钻研针灸的决心。他认为：“夫受先人之体，有八尺之躯，而不知医事，此所谓游魂耳。”他先学习黄帝、岐伯、扁鹊等先贤和历代名医的留传书籍，还依照书中病例药方试验，动员儿子和门人一起从事医学经验的总结，并在自己身上体验针感。他还在病床上整理医学古籍并撰写古史。

由于疾病的折磨和当时陋习的影响，以及体验中曾错服过“寒石散”，服药后身体烦热，如得大病，痛苦难忍，皇甫谧曾经有过自杀的念头，由于家人的劝阻才放弃。他从服“寒石散”中毒的体验中现身说法，著文抨击了服用“寒石散”对身体有益的说法。

皇甫谧取材于《素问》、《灵枢》、《明堂孔穴针灸治要》等多部古医书之长处，删浮辞，去重复，集精华，写出伟大的医学著作《针灸甲乙经》。这部书共 12 卷，分 128 篇；1 ～ 6 卷为针灸基础理论部分，7 ～ 12 卷为针灸治疗部分，包括病理、病机、病症、俞穴和主治等临床应用部分。全书共介绍了 348 个穴名，其中单穴 49 个、双穴 299 个，比《内经》的 160 个穴名多出 188 个穴名；还创新了针灸分部取穴的方法，明确了穴位“期门”，介绍了内、外、妇、儿、五官等上百种病症，是一部针灸医学的学术总结，集大成之作。

这部书问世不久，便相继传到朝鲜、日本等许多国家，受到各国的重视。直到今天，我国和国际针灸学会还把《针灸甲乙经》列为中医必读的参考书之一。

淡泊名利的皇甫谧

平凉市组织部青年干部科的李春茂对皇甫谧可谓深有研究。品一壶香茶，他将皇甫谧其人其事娓娓道来。

皇甫谧是晋朝安定朝那人（今甘肃省灵台县境内），又称玄（元）晏先生，生于东汉建安二十年，逝于晋太康三年。

魏景元年初，司马昭诏皇甫谧等 37 人进宫奉职，被征召者纷纷进京，有的官拜将军，有的被赐位封王侯，唯有皇甫谧托词“疾困”不肯应召。皇甫谧答复说，我因为有疾病缠身……披头散发，隐居山林，与鸟兽为伴，不是制作瑚琏的材料，也不是装在祭器内以供祭祀的谷物。……半身不遂又右脚僵缩，已经有十九个年头了，无法上路赴任，只得待罪而坐。

此后，晋武帝亦多次下诏敦逼皇甫谧进京任职，皇甫谧上疏推辞不受，却要求皇帝给送一车书即可。

事隔一年，州郡又要举他“贤良方正”，晋武帝又下诏说：“男子皇甫谧，沉静履素，守学好古，与流俗异趣，其以谧为太子中庶子”。（《晋书·皇甫谧传》）随后又征他为议郎，“又召补著作郎”，“司素校尉刘毅请为功曹”，但都被皇甫谧一一谢绝。

有人劝皇甫谧扩大交往，博取名望，他说，有名望不在于交往，现在居住在田野乡里一样可以做好事，何必为名利去做作。人们看他贫病交加，劝他想法子改变一下自己的处境，对他说，荣华富贵人人所爱，贫贱之人招人嫌弃、讨厌，你为何不改变一下自己的生活状况？你的年龄也大了，生活没有保障，就是死了也没有人知道。皇甫谧却说：“吾闻食人之禄者怀人之忧，形强犹不堪，况吾之弱疾乎！且贫者士之常，贱者道之实，处常得实，没齿不忧，孰与富贵扰神耗精者乎?”（《晋书·列传二十一》）其实皇甫谧之所以不愿意为官，一方面是由于他对战争的深恶痛绝，对极端黑暗的政治的反感，而采取的不问政事、明哲保身的态度；另一方面他有安贫乐道的情操，力求在医道上取得成就，解除劳动群众的疾苦，他贫病交加时如此，有名望后更是如此。

皇甫谧这种“不事王侯，高尚其事”的情操，也被他的子孙所继承。皇甫谧次子方回，为人也很像其父。朝廷要征他为“博士”，他因为拒绝接受而被杀害，故乡人为纪念方回，在今张鳌坡为他父亲皇甫谧和他修建了“二贤祠”，供奉至今。

灵台觅古

一个冬日的早晨，踏着迎春的飞雪，沿着千年的古道，穿过塬地、山岭，我来到灵台县独店镇张鳌坡村，皇甫谧的故里、陵园。

向导介绍说，距灵台县城西南约3华里处，一道山岭下有个村庄叫坡根底，再往下有个山湾叫皇家湾，因皇甫谧家居于此而得名，离这里北面不远的塬上有个叫王室的村庄，传说皇甫谧曾居住在这里给人治病，人们称这里为“皇室”，后来讹传为“王室”。

张鳌坡南边的沟岔，有一处数孔依稀可辨的古庄院，现称为“皇甫书院”，据说，皇甫谧晚年居住、著述就在这里。书窑以上的塬边就是皇甫谧墓，当地叫“皇甫古冢”；书窑往下三层梯田处，传为当年皇甫谧种植草药的地方，一年大部分时间园内都开放着五颜六色的花朵，所以至今人称这里为“皇家花园”。书窑右侧（西边）的山湾处，有个占地较大的旧庄基，传为当年皇甫谧家人所居，人称“皇甫坪”。

明万历三十七年（1609年）编撰灵台县志时，将这里列为县属八景之一，即“书台月朗”。1935年重修灵台县志时，记述：“读书台旧址全无，惟断碣数片、字迹莫辨。”明代文人姚惟竟曾为陵园题诗：“金谷园中草木荒，竹风林月一空忘。繁华富贵浑如梦，惟有书台万古芳。”

1964年，皇甫谧墓被列为甘肃省重点文物保护单位。

（写于2002年）

今昔临津渡

甘肃省临夏州积石山县有个古渡，曾经是架起古代中国和欧洲国家的经济往来的桥梁，不仅如此，这里的商号还在国内有名。知情者说，隋炀帝曾从这里出征西域，畅通经济线；现代，王震大军从此进军青海、新疆，解放西部地区。

如今，古渡的繁华只有滔滔黄河可以见证。

沿着千百年前的丝绸古道，望着巍巍积石雄关下的滔滔黄河，信步前往，昔日堪称丝绸之路要塞的临津古渡，出现在眼前的只有一墩石锁，两条铁索。

走到河边，可以清楚地看见，铁链上紧扣的铁环，有的铮亮，有的长满铁锈，牢牢地连接着两岸；岸边的石锁虽经历了许多的沧桑，但是依然紧紧地挽起两条漆黑沉重的铁索。望着铁索下的滔滔激流，我眼前展现出渡河人强劲的、古铜色的手腕，以及他们一代又一代人的辛酸。积石山县志编辑部董克义总编说，对于石锁、铁链的历史他们也不太清楚，据说年代久远。看到古渡边的黄河石桥和来来往往的行人、车辆，我们可以欣慰地说：人定胜天。

董克义说，黄河南岸是积石山县大河家（古渡边的乡镇）乡，也是保安族的发祥地——保安三庄。繁荣时期，这里有几百户人家生产保安腰刀，这里的保安腰刀以及商号不仅国内有名，而且驰名海外。北岸是青海省民和县官亭。这里的河宽 125 米，水深 4 米，是汉代之后从枹罕（今临夏县）入青海的要道、古代丝绸之路的要塞。这条古道由于其无法比拟的商业价值和军事价值，不论哪朝哪代，渡口繁华、过往的渡船往来不绝，临津古渡之所以成名也因为此。

古渡兴衰

在古渡口边找一块石头坐下，指点着黄河激流，董克义总编滔滔不绝地讲起古渡的故事。

古渡一带远古时期就有人类活动，周朝时，古渡边开始有部落群居；但设县治地还是西晋永宁年间的事。

据史书记载，河关之西属羌地，秦统一中国后，属陇西郡。西晋永宁年间，凉州刺史张轨分西平郡界，置晋兴郡，在古渡之处设临津县，同时筑临津关，为“缘河济渡之处”。

应该说临津古道始于汉代，繁荣于唐宋时期。汉武帝时，古渡一带是兵家必争之地，亦是汉羌各族人民杂居之所。到唐时，汉藏族人互通友好，丝绸之路和唐蕃古道上来往的使者、商旅络绎不绝。北宋熙宁年间，大河家乡设有榷场进行茶马互市，各族人民和平贸易。直到明清时期，依然有商贩从兰州、四川、陕西等地运来丝绸、布匹在大河家销售。民国时期，大河家经营棉布、杂货的“永盛茂”、“兴盛福”、“全盛祥”及“永盛祥”等商号在当地皆颇有名气。

董克义总编说：“临津古渡之所以闻名于天下，实质是由于两次有战略意义的行动所致。”隋炀帝即位后，着重发展与西域的通商往来，但吐谷浑人成了丝绸之路上的最大隐患。大业五年，隋炀帝亲自出巡陇右、河西地区，亲临前线指挥与吐谷浑人作战，当时就是从临津关渡过黄河的。据《隋书·炀帝纪》记载，炀帝出临津关，渡黄河至西平，此一战不仅降吐谷浑人 10 万余人，还保证了丝绸之路的畅通，密切了内地和西域乃至西亚和欧洲国家的商品贸易和文化交流。

临津古渡西进新疆，南入西藏，从汉朝到明清及至近代，一直是黄河上游的重要渡口。1949 年 8 月 23 日，为解放青海、新疆，王震将军率62 万大军进驻大河家，当地人民配合大军顺利渡河。1988 年 11 月，黄河大桥通车，临津古渡结束了其历史使命，逐渐被遗忘。

古渡与旧关

顺着奔腾的黄河望去，不远处一座高峰耸立。向导介绍说，这就是积石雄关，传说大禹治水就是从这里开始的，这里也是积石七关之首。在古代，临津渡的命运和积石关息息相关，历代王侯都把古渡和雄关看作一体，守住了雄关，就是守住了东西方的经济通道。

一路走去，关门村就在眼前。向导指着一堵不太显眼的墙说：“这堵墙就是曾经被人们称为‘积石钥匙’的临津关门。”按董克义的介绍，积石关是中原与西域各国贸易的门户，西晋永宁年间，朝廷在大河家建临津城之始，即设了临津关，又被后人称为积石关。从枹罕出发经银川、关家川到大河家，从临津关渡过黄河至乐都达平西，这条道路是历代的主要交通要道之一，唐代称之为“鄯州道”，宋朝称之为“青唐道”。

从临津城被改为米州及米川县，到临津城逐渐被废弃和淡忘，雄关和古渡一直默默地守望着。雄关内一直设有茶马司，留守官员 50 名，一年一换，代代相传，直到民国初年，守关官兵才全部撤走。古渡则是到新中国成立后才逐渐被废弃。

古渡的存亡取决于旧关，多少年来都是雄关的占领者管理着古渡。如果说，古渡是人，那么雄关就是它的灵魂，黄河就是它的身躯，两条沉重的铁链就是它的手臂，千百年来的东西方经济交流就是它的生命。

“临古渡兮，听风哀怨，千年荣辱谁见证？朝朝付流水；抚铁索兮，锁锈斑残，古道百年兵戈乱，时时易主。”站在今日的石桥上，聆听黄河与清风诉说古渡的故事，每一朵浪花，都是一个传说；回望昔日古道，仿佛听见驼铃声声，和异国风情的歌调；遥望高耸的积石关，大禹治水时的匆匆身影，隋炀帝御驾亲征时簇旗当空飞舞的场景似乎就在眼前……临津古渡、积石雄关，你怎不让人追忆！

（写于 2002 年）

瑞雪莲花“漫花儿”

在甘肃省境内，莲花山可以说是座“情山”，“花儿”一年一度在这里激荡着每一颗漫“花”者的心；这座有名的“花儿山”，不仅流传着神奇的故事，还铭刻着历代的沧桑。

都说莲花山是甘肃省境内有名的生态林区，是有名的“花儿山”。在一个冰封大地、瑞雪纷飞的隆冬，迎着冬日少有的阳光，拥着一份独有的温意，我走进莲花山。车到山脚下，明显感觉气温急剧下降，雪花纷纷扬扬、飘飘而落，迎雪登山的心情也油然而生。莲花山虽近在眼前，上山却还有数十里之遥。顺路人手指望去，只见一山耸立天边，峰如白莲瓣绽放，冰雕银镶，一团云雾笼罩，犹如天外莲花降来。

寻摩托轻骑，借件老羊皮袄，携清风沿山道盘旋而上。车到山腰，大雪封路，我们只好边漫步上山，边欣赏雪景。向导说，莲花山在春日里凉风习习，漫山百花竞放，山腰花香远飘数里外，而山峰却冰雪不化，胜似雪域神山；夏日里更是漫山碧透，周围三州五县的人们一伙搭一伙，一群结一群在莲花山对唱“花儿”，从山脚唱到山峰，整个莲花山沸腾成“花儿山”；秋日里则是漫山红遍，果满枝头，让人流连忘返；至于冬日的景致，没有比眼前的玉树琼枝、山舞银蛇的雪景更美的了。

我们越过山岭、穿过村庄，便到达莲花山中部的守林点。

围炉话“花儿”

都说山里人纯朴踏实，在山里生活多年的林业工作人员也与山里人一样纯朴。一排5间平房住了5个与莲花山生生相息、朝夕相伴的守林员，他们中有60多岁、守林10多年的老工人，也有20余岁朝气蓬勃的年轻人。我们的突然造访，给这个寒冷、寂静的守林点增添了几分热闹的气息。

守林工人老曹说，为了莲花山的草木鸟兽，他们走到了一起，朝出暮归地呵护着这里的一切。之后，守林员们用独特的方式——唱歌，欢迎我们的到来："茶一盅酒一盅，招待我的好亲朋，喝上一盅又一盅，亲朋给我长精神……"一首高亢激扬的"花儿"弥漫在守林点，回荡在莲花山。

"花儿"是传唱在西北地区各民族群众中的一种山歌。莲花山周围地区在唐初时期是吐蕃族人聚居的核心地带，后来重归唐王朝管辖直到北宋年间。汉族民间文化和吐蕃民间文化融合，又经历多年的演变，逐步形成现在的"花儿"。几位工作人员告诉我们，他们这儿少有外人来，尽管有电视看，但一天工作、生活都很枯燥、单调，唱"花儿"便成了生活中的最大乐趣。

说起"花儿"的句式，其结构独特，章法和韵律都有特点，和词律一样有赋、比、兴的手法，体式小巧，句子可多可少，最主要是即兴演唱有问必答，并且唱法多样，有两人对唱，集体联唱，一人多唱、多人帮腔合唱等。"花儿"不但是山乡农民生活的真实写照，也是庄稼人心里感情的流露，因此，"花儿"在群众中广泛流传。

我们围着炉火，煮着老酒，"漫"着"花儿"；依照老曹的说法，进林区多年来，有"花"有酒有朋自远方来，是守林员值得高兴的日子。

莲花山上守林人

凌晨6时，天还下着雪，几位工作人员和往常一样，早早就起床巡山了，我和向导也随着他们向莲花山峰进发。

上山的路歪歪斜斜，到达四天门后，山势平坦，一幢简陋的木屋出现在眼前，向导说，这一处是莲花山林区海拔最高的、离人群最远的一所监察点，孤寂的一所木屋，这里只有一个工作人员，那就是60多岁的老曹。

走进木屋，老人的工作、生活一目了然。正如他所说，一张木床、一个火炉是他的生活；一台电视机（尽管电视没有什么可看的）、一部收音机是他的娱乐；一部对讲机、一架望远镜是他的随身携带工具；一山树木、一根拐杖是他的伙伴。

老人平静地介绍自己的经历说，10多年来，他每天都要到瞭望台用望

远镜观察四周林区的情况，不论是下雨还是下雪。几天前，他发现有几处放火烧林的情况，都及时予以制止，最后将放火者绳之以法。老人说，在山上工作这些年，早就习惯了单调，偶尔听会儿收音机，唱会儿“花儿”，都很无趣。但是，走在莲花山上，哼着“花儿”，心里就不寂寞。一年只有60天是假日，让他们轮流回家休息；平常时间里，不论是中秋节、端午节，还是除夕之夜，都得在这林区工作。为了这些树木，他们长期工作在深山林区，也只有“花儿”可以寄托对家人的思念，让自己开心地对着每一个日出日落，花谢花开。日子也就这么悄然而去。

老人带上拐杖，和我们一起上山峰，只是老人走得比我们还快、还稳健。一路上老人不时用望远镜习惯性地四处观察。老人说，不要小看这望远镜，10多千米外的村庄、人、兽都能看个清清楚楚，无论是东面的九甸峡，北面的冶木峡，还是甘南草原，都可以看它个明明白白。

望着老人苍老的身影，回顾他上山时矫健的步伐，展望满山成林的树木，满地的白雪，再聆听着山顶呼啸的寒风，我对老人只有深深的敬意。

［采访手札］

莲花山的景色和“花儿”，就是讲述三天三夜也讲不完，不论是冶木峡的秋色，还是九甸峡的飞瀑，都让我感受到自然生态对人们的重要。但是，守林人的孤寂生活，唱着“花儿”巡守林区的日子，总给我一种刻骨铭心的感受：人生平淡莫过如此。

在深山老林里，一间木屋，一个老人，每天拄着拐杖，漫着“花儿”走在山间，呵护着山山水水间的生灵，其责任又是何等重要。尽管他们的生活是那样的平凡，其实平凡和伟大又何尝不是一线之隔呢；他们平平淡淡地奉献人生，又何尝不是伟大呢。

（写于2003年）

走进保安人的家园

1952年，中国政务院正式命名甘肃省积石山县“保安回”为“保安族”。保安族是我国10个信仰伊斯兰教的民族之一。

积石山保安族东乡族撒拉族自治县是甘肃省唯一的多民族自治县，这里聚居了全国95%的保安人。

保安人虽经历了历代的苦难，但是，如今的保安人生活快乐，他们制作的保安刀更是世界闻名。

中华民族就像一个鲜花盛开的花园，而保安族就是其中的一朵。它有独有的气质，奇特的芳香，妖娆的花姿，顽强的生命；多少年来，经历了风霜雪雨的严冬，如今，终于迎来温暖的春天。甘肃积石山县的大河家镇是现代保安人的发祥地，保安老人说，保安人和保安刀的足迹虽然遍及世界各地，但只有这奔流的黄河边、美丽的大河家镇才是保安人的家。

初入“保安城”

在“认识”保安人之前，我就听说了一种锋利的腰刀——保安腰刀，因而对于保安人始终有一种好奇。2002年12月18日，迎着送春而来的风雪，我去了保安人聚居的地方——积石山。

沿着柏油大道，穿过山岭、村庄，积石山县就展现在眼前，高耸的楼房，宽敞的大道，令积石山县偏僻、闭塞的形象顿时全无。都说保安人有独特的服饰，有自己的语言，却不想满大街是西装革履、说着普通话的人。在街道上，笔者发现，这里的化妆品类、服饰类商店特别多。问询店主方知，保安女性很注重仪表，在婚嫁时，女方指定在礼品中要有化妆品。在一些贩卖服饰的商店里，一些有“星月”图案的“号帽”尤为醒目。

保安人服饰设计者之一，积石山县志编辑部总编董克义说，保安族的民族服饰很有特色。保安族早期与蒙古族相邻而居，两族人服饰基本相同。男女冬季多穿长皮袍，戴皮帽；夏秋穿夹袄，戴白羊毛毡制的喇叭形高筒帽。男女均系各色的丝绸腰带。

元朝后期，受藏族、土族的影响，保安族男女在春、夏、秋三季均穿长衫，戴礼帽。这期间的服饰兼有藏族、土族服饰特点，男子戴号帽，夏天穿白布汗衫、青布夹袄、蓝色或青色宽腿裤，自制布鞋，佩腰刀；遇有喜庆节日，则戴礼帽，穿翻领大襟长袍，束绸制长腰带，样子很威武。女子则佩戴耳环、手镯，穿色彩鲜艳的服装，上身为大襟袄、外套“坎肩”，衣裤有不同花边，脚穿绣花鞋；已婚妇女则多戴盖头。

董总编说，现在设计的这种有“星月”图案的号帽，是征得保安族人同意而制作的民族特色号帽，其内涵深刻：一是代表信仰伊斯兰教，二是区别于其他的伊斯兰教民。

之后，董总编拿出保安人服饰设计画册一一讲解。如今，保安人的服饰与当地的回族、东乡族无根本差异。男子平时戴白色号帽，身穿白色衬衣、黑色坎肩、蓝或灰色裤子；未婚女子多穿鲜艳的各色上衣，头戴细薄柔软透亮的绿绸盖头；已婚少妇以及中年妇女平时多戴白色卫生帽，外出时则戴黑色盖头。保安人还特地结合伊斯兰文化特点和农耕文化形态设计了服饰。大裆裤、长袍（也称柔拉）、大靴、号帽、帮身子（即腰带）等都是有民族特性和文化特色的服饰；妇女则盘头发戴咪哪盖头，穿颜色鲜艳的衣裳，加花边的花裤子。在喜庆之日，男子戴红、绿礼帽，要束围腰三圈还长出一尺许的腰带，系腰刀，穿翻领大襟长袍。改革开放以来，保安人的服饰也日渐随潮流改变，只有少数人家中还能看到这类保安人服饰。

“保安三庄”的故事

穿过县城，汽车沿着柏油大道在山岭上飞驰，40 多分钟后，地势一片平坦，一片村落、绿荫呈现在面前，放眼看去，只见积石雄关遥遥在望。向导告诉我，在这滔滔黄河之滨、巍巍积石山下，咸丰末年至同治初年，彪悍勇敢的保安人，从青海同仁保安地迁入了这块依山傍水的处女地，聚居于今天的大河家镇大墩、梅坡、甘河滩等几个村庄，也叫“保安三庄”。在这里，保安人用精巧的手艺打造起民族传统的腰刀，用勤劳的汗水谱写了繁荣进步的历史画卷。“保安三庄”和保安人腰刀的神秘勾起了人们的向往。

“保安三庄”是保安人的发祥地，也是保安族发展的历史见证。保安族原来是元初的蒙古人和随蒙古军东来的色目人，在边戎就地屯田而形成的一个民族，称为守边防番的“营伍人”。元朝政权巩固后，元世祖下令将“营伍人”编入民籍，此后，这些“营伍人”成为民户并与当地土著联姻结亲，长期定居、生活，形成保安族先民。明洪武年间，保安族先民在今青海同仁设建保安站、保安堡，万历年间又修建保安城，从此，保安民族逐渐形成，保安人生活的保安城和隆务河畔的下庄及尕撒尔俗称“保安三庄”。

清咸丰末年同治初年，居住在青海同仁保安城、下庄的保安人不堪忍受封建统治者的种种压迫而东迁。东迁时，遭到麻巴、尕寨东以及五坊头等部落的围追堵截，部分保安人被俘或罹难，大部分人仓皇出逃。保安人翻过多曼尔山，通过郎加部落地界到达尕椤口以东，流落到循化街子一带。3 年后，由于当地人多地少，保安人面临生存困难的境况，又沿黄河南岸东迁，穿过积石峡谷，进入关内大河家。地方头人及开明人士将东迁而来的保安人分别安置在大墩（尕撒尔人）、甘河滩（下庄人）、梅坡（保安城人），这就是今日积石山县的“保安三庄”。

保安人定居大河家后，凭着勤奋劳动和手工艺技巧，开辟了一个新的天地。直到现代，再也没有保安人回迁青海的“保安三庄”。董总编说，现在在青海的“保安三庄”，虽然还有当年保安人生活过的痕迹，但是，已没有那么形象、浓厚的保安族气息以及风俗习惯了。

保安腰刀上的一只手

5 分钟后，汽车行驶到大河家镇。在宽敞的马路边，见到最多的就是一把竖立的大刀模型，每户人家门口都有。一边漫步在街头，董总编一边讲述着“保安刀”。保安族的手工业主要是打铁：打制镰刀、斧头、剪刀、铲子、门扣、菜刀、炊具等，其中，腰刀的生产占首要地位，占产品总数的 80% ～ 90% 。保安腰刀品种繁多，有“十样锦”、“波日季”、“双刀”、“细螺”、“扁鞘”、“哈萨刀”、“蒙古刀”、“满把”等多种名目。

在一户人家门前停下，我们细细地欣赏“保安刀”，那精美绝伦的制作、美观大方的外形、锋利耐用的刀刃、寒光四射的剑身，令人眼界大开，

一种美不胜收的感慨油然而生。向导小魏介绍，早在元代，保安族就已造出一种木柄皮鞘腰刀，时至今日，保安腰刀在设计、锻打、淬火、镶嵌等工艺上更有了新的突破。制作腰刀的工序达 80 多道，仅制作刀把一项，就要对黄铜片、红铜丝、白铁丝、牛角、塑料等不同材料分别进行加工，然后将其巧妙叠合胶铆而成，并雕绘上种种栩栩如生的精美图案，抛光打磨完毕，顿生五光十色，耀人眼目。

在保安腰刀的刀面上还雕刻着许多图案，如“七颗星”、“五朵梅”、“两条龙”、“一把手”等。卖刀人说，以前在“保安三庄”，每户人家都有铁匠，而每位铁匠都有自己的特定图案。有的图案是某位铁匠的标志代号，有的图案蕴涵着一个美好的传说，或记载着一个悲壮的故事。如“一把手”的图案就记述了一个真实感人的故事：过去，保安族中出了一位技艺高超的腰刀匠人，他制作的腰刀闻名于世，人见人爱。可他一身正气，铁骨铮铮——只给好人打铁，不给坏人做刀，贪官污吏更别想得到他做的腰刀，这更使他的腰刀身价百倍。后来，管辖他家乡的县官为了巴结上司，限这位铁匠在 30 天之内做出 100 把刀来，否则就要砍去他的手。这位铁匠根本不把县官的命令当回事，一把刀也不给他做。这一下可惹恼了县官，以刀砍手相逼，而铁匠硬是不从，宁为玉碎，不为瓦全。狗县官果真下令砍掉了铁匠的手……

铁匠的骨气，就是保安族人的正义精神！

后辈保安族铁匠为了纪念这位英雄，就在最精美珍贵的腰刀刀面上錾下了一个五指并拢的“一把手”图案。现在，这个图案已被国家有关部门认定为保安腰刀出口的统一标志。

董总编告诉我，保安族人入关定居大河家后，受汉、回民族生产工具、生产技术、耕作技术的影响，开始种植蔬菜瓜果等经济作物。在重视种植业的前提下，生产方式比较灵活，农忙务农，农闲做工，打制一些刀、剪、镰、斧、镢等铁器工具，并经常到河洲甘南、夏河及青海、西藏和四川的藏族聚居地区开设铁匠铺，从事镶牙嵌银和打制民族特需的刀具、马掌的工作，他们制作的“保安腰刀”和“景泰蓝”手杖剑也远近闻名。此后，保安人生活安康。

别有情趣的婚礼

夕阳西下，结束了奔波却没有结束采访，在董总编的办公室里，董总编与笔者讲起了保安人独有情趣的婚礼。

在保安族青年双方同意作亲时，男方准备好茯茶、四色礼和衣料送到女方家定亲，叫做“送定茶”，收过定茶的姑娘不再相亲，达到结婚年龄后由女方家和媒人商定彩礼，通知男方按商定数额逐一办理。

当主麻日（星期五）举办婚礼时，男方要选两名女陪姑、一名陪女婿、七八名陪客和新郎一道牵着披红挂绿的马前去娶亲。媒人引着新郎和陪女婿给女方长辈祝安道“赛俩目”。寺里的阿訇为新人举行结婚仪式，念证婚“尼卡哈”，并在院里撒核桃、红枣等，象征吉祥如意、夫妻和睦、早生贵子之意。此后，女方村里青年用锅底黑灰把娶亲人一一抹成黑脸，以示庆贺，场面热闹而风趣。

同时，男方亲戚要把新郎父亲也抬到女方家。新郎的父亲被乡亲们画成大花脸，然后，乡亲把一个萝卜切成两半，系上绳子，作眼镜给他戴上；又用一根棍子作枪，让新郎的父亲背上，披上布做的披风，由两个或四个小伙子抬上，送往女方家里；这时，新娘的父亲迎出，和亲家见面互致问候，之后，新郎的父亲又由乡亲抬回家里。

抬过“公公”后，女方送亲队伍将新娘送往男家。新娘离家时，从房门倒退到家门口，每倒退一步，便向家里撒一把掺有麦、豆、玉米、青稞和小米的“五色粮”，以示将幸福留给父母。新娘在到达男方家门时，村边新郎家不远处突然鞭炮齐鸣，男方青年设障拦挡，送亲队伍受到了阻拦，女方送亲的人着实要奋力开路，保护新娘和亲属，新娘的阿哥或其他亲属抱起新娘直冲进大门并送入新房。

在新婚之夜，村里的人们聚集在院内，燃起熊熊的篝火，唱起欢快明朗的“宴席曲”，编唱各种优美动听的“花儿”曲，吹奏竹乐，歌声婉转深沉、悠扬悦耳，舞蹈动作或舒展潇洒，或粗犷豪放，或轻盈明快，或风趣典雅。青年们都聚集到男方家院子里，围着火堆，由能歌善舞的小伙子手拉手，肩靠肩，边唱边跳，观众也随着节拍和之，使本来就喜气洋洋的婚礼之夜更增添了欢快的气息。新娘进门后，三日不吃婆家饭，由女方家送来，以示父母对女儿的关怀。

董总编说，保安人的舞蹈语言清新明丽，酣畅淋漓，主要表现为头部的左右摇动，肩膀的摆、耸、颤，手臂的曲直舒展；腰部的动作简洁明快，配以前倾后仰，左右旋摇，跨步灵活。歌声伴着奔放的舞蹈，歌舞者边舞边向大门退去，表示婚礼已接近尾声。

（写于 2003 年）

吴玠：与岳飞齐名的抗金英雄

死去元知万事空，
但悲不见九州同；
王师北定中原日，
家祭无忘告乃翁。
——宋·陆游《示儿》

吟着陆游的诗句，听着肃杀的秋风，沿着抗金英雄驰骋的古道，我怀着虔诚的心，带着无尽的感叹，走上探寻抗金英雄吴玠的路，没有香烛、浊酒，就在那荒野地，期望将深深的崇敬托清风与英雄携去。

事实上，今日中华强盛，百姓安居，想是您的心愿，既如此，那么，吴王坟、碑两立的憾事，荒野无祭的清苦，想您大概也不会在意吧。

在甘肃省庄浪县白堡乡的吴王坟山村，有一山楸松成林，该山朝南有一斜坡，春时风来小麦绿波连山，秋时收割村民笑语欢歌。在耕地边，有4座石兽数百年来寂寂无闻，冷眼相看世事沧桑。村民介绍说，这是在西北战场屡败金兵的抗金英雄吴玠之墓。

初闻英雄名

对抗金英雄岳飞的崇敬之情在小学时便有了，对他的好学、勇智都顶礼膜拜，因此对那段历史特别熟悉。崇拜中也把当年兵分五路抵抗金国的功劳全归于岳飞，以为抗金英雄仅岳飞一人而已。

一日，车过庄浪。一白发老者与众称赞：南宋朝兵分五路抗金，而世人

仅知岳飞、张俊、韩世忠等三人；殊不知西北战场有一位出生于庄浪、战功赫赫的抗金英雄，英雄姓吴名玠，由一小校屡立战功官升至兵马统制、元帅，他在西北战场上取得和尚原、仙人关、饶凤关等重大战役的胜利。老者口若悬河，对吴玠功绩如数家珍。

我按捺不住地问询："吴玠何人?"

老者见有人询问更为开怀，曰："吴玠乃甘肃静宁人，后迁居庄浪，未满18岁便从行伍。他鏖战西夏，破方腊，因抗金有功晋升为检校少帅、节度使、抚副使。与抗金英雄岳飞、韩世忠、刘琦以及其弟吴璘并称为'南宋中兴第一流名将'。"言词之中，老者对吴玠极为推崇。

"后来呢?"我问道。"后来吴玠将军英年早逝，患病边关，不治而亡。"说着，老者脸露悲伤之色。

寻迹英雄路

9月一个阳光灿烂的日子，我开始寻找英雄的足迹，也就是英雄生活过的地方。而大散关、和尚原则是成就吴玠一世英名的地方。

大散关原名散关，是秦中四塞之一，被称为"蜀道天险"，当山川之会，扼南北之交，古有"北不得无以启梁益，南不得无以图关中"之称，其险要可想而知。由于大散关在军事上占有重要地位，所以是历代兵家的必争之地，也是吴玠在抗金时期历时最长、留下功绩最多的地方。诗人陆游曾经游历大散关为吴玠写下"铁马秋风大散关"的千古名句。

大散关位于陕西省宝鸡市南19.5千米处大散岭上，岭上有书"古大散关"几个大字。大散岭北松岭堡北面的松树坡上有一座旧城址，城址残存一道用石块垒起的南城墙，墙宽3米左右，长30米左右，高1米左右。石墙以北是宽阔的平地，宋元时期的残砖碎瓦随手可拾，古城西墙保存较好，而北城墙、东城墙均被破坏，但古代道路还清晰可见。大散关东有一岭，前仰后低，如和尚帽状，此便是吴玠大败金兀术、巩固宋室半壁江山的和尚原。

向导指着与和尚原相距不远的大王山介绍：当年吴玠抗金时，在山上插旗，设瞭望台，发现敌情后，山上守军便将旗帜放倒，表示有敌情，以此通知大散关守军。山上至今还留有旗杆石基。站在大散关前，脑海中不禁浮现当年宋军从金军手中夺回大散关的情形：金军大将合喜自渭水连营列栅，占据大散关，宋军北伐部队在关前与之相持 4 个月，攻关之日，死伤惨重；为攻破大散关，宋军惊扰敌寨，围断粮道，断金军后援，持云梯与金军肉搏，攻克大散关。那遮天的烽烟，染血的旌旗，震天的呐喊，刀戈的搏击，仿佛浮现在眼前、回响在耳边。

吴玠占领和尚原后，不仅巩固了南宋朝的西北江山，而且巩固了南宋西北战线的联盟，也保住宋朝的半壁江山，打破了金军屡次企图从西北进中原的目的。经饶凤岭、仙人关、杀金坪等多次重大战役，甘肃成县、宁夏隆德、陕西富平一带大小上百次战役，吴玠之名在西北已令金人闻之胆寒。后来诗人为吴将军写下“横刀立马散关头”的名句。

银会子：最早的纸币

因为吴玠，中国成为世界上最早使用纸币的国家，至今有 2100 年的历史。从汉武帝元狩四年（公元前 119 年）为筹集国用，发行了以鹿皮为币材的“白鹿皮币”后，唐代的“飞钱”以及宋初的“便换”，具有两地划拨款项的汇票性质，都曾发挥过有限的货币作用，纸币定名为“钱引”，除闽、浙、湖、广外，在各路发行。宋大观元年，吴玠改纸交子为钱引子，纸币交子就是我国历史上最早的国家纸币。

吴玠创行的银会子，是中国乃至世界上最早代替银的纸币。富平之战，宋军兵败，退守和尚原（今陕西宝鸡西南）。吴玠在和尚原大败金兀术所部后，兀术归燕山，吴玠屯兵河池，抗击金兵。绍兴三年，吴玠在和尚原，饷馈不继，为了解决粮饷不继的困难，吴玠遂采取屯田自养等许多办法，创行会子。

《建炎以来系年要录》记载：“绍兴七年二月，川陕宣抚副使吴玠初置银会子于河池”，“岁一易，其钱隶军中”。当时陕西大部分已为金人占领，只有今武都、今成县、岷县、今凤县等州尚存，吴玠在河池发行的银会子，以钱为单位，分一钱和半钱两种，每年换发一次。发行面额为一钱的 40 万张，半钱的 1 万张，同钱引发生联系，银会子 4 钱抵“钱引”1 贯，发行总额为 14.5 万钱，合钱引 36250 贯，仅在军中行使。及今武都、今成县、岷县、今凤县等六州为该军驻地，故流行于以上六州。

吴玠病故后，银会子实行了一次改革，在利州路的大安军（今陕西大安）重造，两年一换，至乾道四年（1168 年）四月增发一钱银会 3 万张，9

月行于文州，后来扩大发行，每两年发行 61 万余张，共折川引 15 万余缗（即贯，1000 文为一缗，川引是代表铁钱的纸币）。银会子的发行，便利了蜀陇贸易，克服了铁钱和银钱携带不便的问题，解决了军费匮乏的困难。吴玠创行的银会子数量虽少，前后流行 30 多年，行使范围仅限于军中，但它是世界上最早的代替银的纸币。

吴王坟之谜

抗金英雄吴玠将军的故里在水洛城已有明确记载，但是，葬于何处至今没有定论，长期以来被视为吴玠坟的有两处，一处在吴王故里，庄浪县水洛城的北塬（现在庄浪白堡乡的吴王坟山）；另一处则在吴玠生前长期驻守的河池（现在的徽县钟楼山）。

水洛城北 10 千米处的白堡乡赵家坟山村，旧称为“吴王坟山”，其山高峻，气势昂然，吴玠墓就在坟山靠南一片 300 多亩的缓坡上，据有关资料记载，这里是吴玠的先茔。据《陇右金石录》记：“吴玠临终嘱言，必葬父之脚下”，吴玠病逝，由弟吴璘“孤奉丧归葬水洛城北塬先茔之次”。次年 4 月，金人败盟，水洛城被侵占。30 年后，陆游在《老学庵笔记》中写道：“吴武安王玠葬德顺军陇干县，今虽隔在虏境，松楸甚盛，岁时祀享不辍，虏不敢问也。”

当地老人说，吴玠坟原有较大的陵园规模，祭者不断，后来战乱被毁。时至今日，吴玠墓地已被开垦作农用，但三个墓冢清晰，周围楸树生长，仅有石羊、石猴各一对和龟趺碑座在坟前。

徽县钟楼山又名吴山，原有两座坟墓，一在山北侧，一在山东侧；其中一冢已查明不是墓，另一冢 12 米处有吴玠墓碑，上书“宋故开府吴玠墓志铭”。甘肃省图书馆原馆长、地方史志著名学者、已故的张维先生对收入《陇右金石录》的吴玠墓碑文后附了一段说明文字：“玠卒于绍兴九年，归葬故乡，明年四月金人杀入，则碑寄立河池。”

［采访手札］

探寻吴王陵园之初，原为探寻民族抗争与不屈的精神。一路上，我探寻着英雄的足迹，寻找着英雄的传说，试图找到英雄之精神模范，为在现实中迷失的人们，迷茫于物质的人们找寻灵魂家园和心灵归属。

但是找到吴王陵园时，荒芜的山野、破败的陵园，让寻找的心变得更加失落。事实上，除了流传在民间口口相传的故事，我试图探寻的灵魂家园却是不堪入目。就如同当世一般，任由灵魂在田野上飘荡，在山野里奔走、哭泣，在神州甚至宇宙中，用乡音呼唤家园、寻找家园。

（写于2003年）

探寻远去的“氏文明”

在中华民族的历史上，氏（dī）族，是一个有着5000多年历史的少数民族，其文明对于中华民族文明以及人类文明有着积极的促进作用和深远的影响，是我国历史上不可抹去的一笔。对于这已经远去的文明，我们敬畏并敬仰着。

氏族过年欢歌

在甘肃文县，还生活着一群氐族后裔，他们担负着“氐文明”的传承责任，他们敬畏大自然，以为万物有灵，保存着千百年前先人们祭祖仪式、欢庆的舞蹈和语言，成为已经消逝的“氐文明”的“活化石”样板，成为研究与调查人类学、远古文明的焦点，有着弥补商周断代史的作用。

尽管“氐文明”对于现代文明有着珍贵的研究价值和深远的意义，但“氐文明”“活化石”般呈现在人们面前的同时，人们也意外地发现：由于现代文化的普遍传播，“氐文明”遭遇了严重的冲击；加上“氐文明”传承人知识匮乏，“氐文明”没有文字记载与传播，这“活化石”不仅不被世人关注，而且“生命”垂危。

除夕之叹：传承老人的坚守

2009 年 1 月 25 日是农历大年三十。当暮色悄悄降临时，陇南文县麦贡山白马山寨显得异常神秘，只有偶尔的鞭炮声和焰火，打破夜的静谧，显示出一些时代的节日吉庆。

84 岁的班定文老人蹒跚着脚步，走进地震之后搭建的临时帐篷，拉亮电灯，然后在火炉边坐下，一边抽烟，一边看着电视，等着中央电视台播放的除夕春节联欢晚会。看了一眼在旁边陪着看电视的老伴，班定文发出一声长长的叹息，用白马话对老伴说：“今晚是没有人来了。”按照白马人祖辈的习俗，每年大年三十，族内年轻人要来听老人讲述千百年来白马人的生活习俗、规矩以及传承祭拜神灵的仪式与话语。

班定文老人是文县铁楼乡麦贡山白马藏族现存的唯一的高龄老人。近年来，山寨的老人陆续去世，因此，向年轻人传播白马人传统文明、民俗故事的担子，就只有他来挑了。但是，这几年来听老人讲述这些传统“老故事”的人越来越少了，到今年已经没有人来听了。

若在往年，等老人讲完祖辈的事迹，族内祭拜神灵、祖先的规矩和仪式语言之后，年轻人会围着篝火一边喝酒吃肉，一边唱歌跳舞。一是庆祝一年的丰收，二是祝愿来年吉祥平安。

“年轻人对先人的事迹都不感兴趣了，只喜欢听流行歌曲。办事（仪式）胡来，唱歌也是胡唱了。”班定文老人说这话时，对族内年轻人充斥着不满。他说，白马人是古代氐族后裔，因为长期生活在以白马河流域为中心的中国西北地区，故以白马河命名为白马氐。随着时代的变迁，白马人越来越少，目前只有甘肃文县与四川平武还生活着为数不多的白马人，主要分布在文县的麦贡山、入贡山、立志山、案板地，四川的白马乡等区域。自古以来，他们沿袭着氏族人的生活习俗与服饰，还有婚嫁、丧葬、祭祖仪式，族内人交流也是用远古的氏族语言。“我们信奉并崇敬大自然神，以为万物有灵：山有山神、灶有灶神、树有树神、水有水神。”老人说。在白马人的心中，他们对于世间万物均存有一份敬畏之情。

从远古氏族，到现在的白马藏族，白马人一直没有属于自己民族的文字，族内的规矩、习俗、仪式以及族内事迹，只能依靠老人与后辈口口相传。因此，除夕之夜既是所有族人每年团圆的时刻，也是族内老人传述先人事迹，讲述白马人生活习俗、婚葬以及祭祖仪式的语言和形式的神圣时刻。

夜逐渐深沉。电视内传来阵阵欢快的流行歌曲；电视前，麦贡山唯一传承氏文明的老人，在默默等待着他的接班人，他心里很清楚，如今先人传下来的文明怕是要失传了。虽然那些白马人的歌声声调依旧，但内涵已经开始变了。他由此而担心氏文明会在那些流行的音乐中被吞噬。

班定文老人并不像其他年轻人那样痴迷于电视，只是留意着，默默地喝着酒，吃着骨头肉，守岁。叹息之余，老人时而哼上几句白马人的酒歌，但歌声很快被电视内的音乐声掩盖。

刁羊节：少年的永久记忆

白马氏祖传的倮戏面具

班定文老人在麦贡山孤寂着，并不是偶然。在麦贡山山神庙前独坐的班海涛，也有着同样的孤寂。25 岁的班海涛是麦贡山为数不多的大学生之一，远眺山峦，他的眼中有着些许忧虑。他说，从古至今，白马人一直和其他民族有着密切的交往，因为白马文明没有文字记载，大多数白马人文化水平很低，因此，在接受外来文明的同时，白马人逐渐将自己传统的文明遗失了。外来的文明吸引着白马人，并

吞噬了白马的传统文明。

上大学后，班海涛曾系统地研究过自己民族的文明，由此，他发现很多儿时记忆中的场景正在远去，变得异常珍贵。如果，镜头可以随时空转换到班海涛的儿时，那时白马人的生活可谓丰富多彩；而刁羊节，则是他最喜欢的节日。

那是秋高气爽的日子，白马人经过一年的辛勤劳动，收获之后，乡亲们团聚在一起，载歌载舞，喝酒庆祝丰收。族长会宰杀一只羊羔，等羊羔煮熟之后，族内年轻人开始追逐抢夺羊羔，年轻力壮的人将热气腾腾的羊羔抢到手后，便一路狂奔，并且是边跑边吃。其他族人则是一路追逐，疯狂抢食羊羔。

30 岁的班祥云说，抢羊羔时，身体强壮和个子高的人最占便宜，被人围堵的时候，将羊羔高举狂奔，一般人很难抢到。说起刁羊节的场景，很多白马人脸上流露出缅怀的神色："这样的节日很好，不仅能将十里八乡的白马人团聚在一起，也能将白马人的精神凝聚。"

在班海涛的记忆里，还有很多已经消失的白马人的节日与活动仪式。在他小的时候，族内每年都会举行很多仪式、活动，比如，祭拜火神、水神、树神等。如今回想起来感觉都很有意义，祭拜神灵时的话语不仅有哲学思想，而且还有感恩的心与谦卑的人生态度。

近几年，随着乡亲们生活水平提高，受外出打工者带来的外来文明的影响，族内原来很多的节日、活动、仪式都逐渐被忽视了，祭拜神灵的话语也没有人去向老人学习，一些宗教仪式与活动由此逐渐失传。"族人觉得如今生活好了，进入 21 世纪了，还举行或者举办那些古老的仪式，感觉太落后。"班海涛说。

倮戏面具

而在班海涛的眼中，这些记忆中的节日活动与仪式才是白马人最珍贵的财富。

褪色的新年：传统仪式消逝

1 月 26 日凌晨（大年初一），一阵铜锣声打破了白马山寨的宁静。这是白马山寨的“召集令”，是叫族人去山上祭拜山神、祖先。

和其他白马人的帐篷相比，班定文老人的帐篷有些奇怪，帐篷前悬挂着一块椿木，还有少许的蒜末撒在上面。老人说，凌晨举行祭拜灶神仪式后，在家门口悬挂椿木，并喷上少许蒜末，可以驱邪避邪。挂椿木与喷蒜末时，还要念叨一些吉祥驱邪的话语，让邪神瘟疫远离家门。但目前只有老人记得悬挂椿木了。

老人说，若在往年，族人早在鸡叫第一遍时，就奔跑上山，去祭奠山神了。依照白马人的习俗，第一个跑到山神庙祭拜山神、祭拜祖先的人，在新年里，凡事都会得到神灵与祖先的护佑。之后，族里的长者、男人都会陆续赶到。祭拜仪式举行之后，族人会去每家每户抽取一根柴火，一边抽柴火，一边与家里的年轻人对唱。之后人们会团聚在晒麦场，将柴火堆积燃起篝火，再搬出自家的酒肉，与族人一起载歌载舞庆贺新年，互相祝福。

但现在的新年，需要几个少年敲锣打鼓呼唤，才会有少许族人去山神庙祭拜祖先与山神，篝火与欢庆新年的活动也因为少有人参加，而再没有举行。族人一个个在家里看电视，听音乐，或者三个一群，五个一伙地围在家里喝酒、聊天。

“新年都已经褪色咯！”班定文老人的叹息中，不仅有对新年的喜庆减少的遗憾，也有对很多亲情被掩盖的忧虑。以往从年初一开始，生活在铁楼乡几个山头的白马人、四川白马乡、九寨沟的白马人，都会赶到这里来团聚，和乡亲们一起载歌载舞，欢庆新年。白马人聚齐了

笔者与氏族姑娘同庆新年

氐族锅庄舞

之后，便会到各村各寨串门：从麦贡山出发向其他山寨行进，边走边对唱白马人古老的情歌，走到哪里，歌舞就在哪里沸腾。在他们的心中，无论是生活在四川还是甘肃，白马人都是一家人，白马河流域就是他们的家乡。

自从这些篝火仪式没了之后，四川的白马人也很少过来了，铁楼乡其他山寨的白马人也是如此，虽然正月十五祭拜火神的时候，会团聚一些白马人，但很多的祭拜仪式与活动都被省略了，参加的人也越来越少了。

“现在过年，越来越不好玩了，如没有正月十五的团聚，过年都没有什么喜庆氛围了。”老人叹息之时，一些孩子也在老人的话语中，缅怀起了往年新年的热闹与喜庆。

白马“绝唱”：池歌昼、沙尕帽

和麦贡山遥遥相望的就是立志山寨。对于过去的“族内文明”，60 多岁的余流源只能经常对着屋内放着的沙尕帽感慨。

羊毛编制、插着一根鸡毛的沙尕帽，是目前从服饰上看，唯一能够证明白马人与众不同的地方。在白马人看来，帽子虽然有特点，但最值得他们尊敬与缅怀的却是那一根鸡毛。按照余流源的说法，那根鸡毛对于白马人来说，有着特殊的警示与纪念意义。

其实这个故事，在白马人之间已经流传几百年了。

三国时期，长安以西、秦州以南、松潘以东、汉中以北、以武都为中心的地域一直是白马人统治的范围。后来，白马人与蜀汉人发生战争。一天晚上，战争的疲劳让白马人的守军在防御上松懈了，于是，蜀汉人开始了夜袭。就在蜀汉军即将接近白马人的城池时，突然一声鸡鸣，叫醒了守军。于是蜀汉的夜袭失败了。

氐族姑娘

为了纪念这次战争

并警示白马人保持警惕，当时的白马人将公鸡毛插在自己族人的帽子上，以警示后人。

余流源知道，和其他生活在四川、甘南的白马人相比，他们还算保留了不少老祖宗遗留的文明。每年正月十五祭祖驱邪的“池歌昼”（一种祭祖面具），就是最完整的仪式。

每年正月十五，族内的“绘手”（管理保藏池歌昼的族人）会召集族内年轻力壮的人，面戴池歌昼，手持钢刀与拂尘，身穿羊袄，在鞭炮声中跳着三步舞，三步一回头，去家家户户驱邪降福。然后，所有族人不分男女老少，手牵手围成圆圈，载歌载舞，庆祝丰收、吉庆，祈祷平安幸福。

“其他的仪式与活动，只能在脑库里搜索了。”余流源的话，不仅在白马人中引起共鸣，很多关注白马“氏文化”的研究者也有同感。在他们的眼中，白马人族内保留最完整、最具有氏文明代表的就是池歌昼、沙尕帽。其中“池歌昼”已经申请成为非物质文化遗产。而其他许多宝贵的“氏文明”，都在人类文明中渐渐消亡，白马人的氏族生活方式、居住文明、婚葬等民族文化也逐渐被忽视，最后被改变。

寻者之苦：白马“氏文明”濒临消亡

作为白马人的一分子，余流源从文县宗教局退休以后，开始潜心研究抢救白马“氏文明”。他是为数不多的、抢救白马“氏文明”的民俗文化者。

但是在研究与抢救白马文明的过程中，余流源遭遇到了很多的困惑。他说：“年轻人对于祖先留下来的传统根本不感兴趣，庆祝节日的对歌不唱了，或者就是乱唱一些伤害感情的话，根本不依照祖辈的规矩说唱。对于祖辈的根源以及活动仪式，更是一无所知。现在村里剩下的老人，则说不清楚、也讲不明白很多祖辈的事迹；有的老人能够将一些事情记起，却不能完整表达这些传统究竟是什么意思，那些仪式或者活动到底想要表达什么。”

这样的情况，使得外来文化研究者越发不明白白马人的渊源，更不明白白马人究竟是氏族还是藏族。现在白马人经常自称“贝”，即藏人，甚至将白马二字翻译成藏文“藏兵”，认为自己的祖辈就是藏族军人。然而，事实并非如此。

和其他白马“氏文明”研究者一样困惑的，还有陇南市地方志科的焦红原科长。

焦红原讲了这样一个故事，表述他的困惑：2000 年，焦红原被派去从事地方志研究工作时，曾前去铁楼乡考察白马“氐文明”、白马人的生活与传统习俗。第一次看到“池歌昼”时，焦红原很兴奋：“那是原生态的‘氐文明’，从舞蹈到祭祖礼仪，从舞者的神态到族人的眼神，无不显示出人们对祖先文明的敬畏，简直就是一个远古人类文明的活化石。”

第二次再去考察白马“氐文明”，是两年后。那次他意外地发现：戴“池歌昼”只盖住了舞者2/3的面，在族人家里进食时，舞者竟然将“池歌昼”摘下。“那种敬畏都没有了。”焦红原说。之后的考察中，焦红原发现白马文明在逐渐变化：仪式少了，参加人数也逐渐少了，甚至民族服装穿得也少了。

在近10年的探索中，焦红原发现，白马文明濒危并非偶然。他认为，白马人本身文化素养不高，对于本民族的文明并不重视；另外，白马人没有自己的文字，仅依靠口头传诵，这样的文明如果不及时保护，濒危是不可避免的。同时，近年来白马人外出打工后，带回外来文明，加上电视传播的现代文明的冲击，很多年轻人的眼光被吸引，甚至认为本族的传统文明很落后，应该改良或者融合现代文明。由此，一些白马“氐文明”逐渐被忽略，并到了濒危的境地。

翩翩起舞

（写于2009年）

路遇炳灵寺

汽车蹒跚着接近甘肃省永靖县城时，一股湿润扑面而来；再行驶不久，就听到哗哗的水声。到永靖县城时，刘家峡带着一滟湖水便跳入眼帘。刘家峡是小学课本里就出现的众所周知的大型水电站，其功绩早已经传遍中国。

与之相依的却是赤裸裸的红岩石山。一片石林，一条奔流千年的浑浊河水（黄河）；一湖碧水，一地赤诚。从来没有见过如此奇异的景象，都说山水相依，碧草连天，在这里却看不到这样的绿色。

炳灵寺长廊

据说，距此不远处有一座石窟寺，名炳灵寺，已存在了数千年，饱经沧桑。于是，我便寻思着去谒拜了。沿着湖边逆水而上，或是沿着山岭与石林绕行前去，沿途都可以看见奇异的石林。湖水浑浊且呈黄色，石林依依相连倒影其中，偶有水鸟惊掠，时见民房隐约于石林、水域间。炳灵湖湖岸线长55千米，流域面积为166平方千米，为甘肃境内最大的人工湖泊。

大约一小时水程，就在石林茂密处、滟滟水色与山林交相辉映的地方，一院寺庙依山而建，山水环绕。石林名为“小积石山”，高处上书着“炳灵”两字。根据地方宣传资料记载，炳灵寺最早叫“唐述窟”，是羌语“鬼窟”之意，后历有龙兴寺、灵岩寺之称。明永乐年后，改名为“炳灵寺”，即藏语“十万佛”的音译，亦可做“千佛山”、“万佛洞”解释。这里最为典型的是石雕像、浮雕佛塔和西秦壁画、密宗壁画艺术，与敦煌的莫高窟和天水麦积山石窟并称为“甘肃三大石窟”。

据传，汉王朝时期，这里就是中西交通要道“丝绸之路”陇西段的一条支线，也是一条临近长安的必经之路。公元385—431年，鲜卑族乞伏部贵族在临夏州地区（古称“枹罕”）建立西秦国，统治达47年之久。君主臣民崇信佛教，一时间，内地及西域高僧云集于此，译经传法活动十分活跃，雕刻石雕佛像、图绘壁画无数。小积石山大沟寺（今炳灵寺）作为临近都城枹罕的一大寺庙，便成了当时佛教一大胜地。鼎盛时期，国王御驾亲临石窟，挥毫题词。

残破的壁画

西秦之后，炳灵寺在北魏、西魏、北周、隋、唐、元、明、清各代均有扩建。现分为上寺、洞沟、下寺三处，分布在大寺沟两岸的红砂岩上，洞窟层层叠叠，栈道曲折盘旋而上。有资料称，炳灵寺保存

炳灵寺奇山

的大量西秦壁画和题记，是我国石窟中有明确纪年的最早题记，对我国其他古老石窟的断代提供了标识；北壁上《文殊菩萨问疾图》是我国目前所见时代最早的一副维摩诘经变图，对研究我国历史、美术史以及中西文化交流史有着十分重要的历史价值。

心怀敬畏，虔诚谒拜，弃舟登岸，环栈寻踪。亲水平台上，钢筋水泥将昔日车马人迹掩盖，雕窗花檐装饰着远古文明。栈道绕山岭、贴水面、沿山谷而进。途中人迹稀少，七八个买卖人，三五名寻古客，我也在其中。

抬头望去，两座石峰孤独耸立水畔，相依相偎，形影不离，好事者曰其名为“姐妹峰”。随山谷而进，不见寺庙，但见石窟一片一片连接着，袒露在阳光下。石雕像一座在左，一座在右；一座在上，一座在下，错落在山崖面。只是一座座佛雕有的断臂，有的伤脚，还有的身体半残，面孔不全，感觉像是粘贴在其中的图画，被无知儿童毁坏、涂画；也像是真有其人隐身其间。只是残缺的身体、面孔，让人看着内心发怵。

走近石雕时，一名门卫模样的中年男子站在附近不时高呼“别照相啊”。不知道是惧怕人们记录下这残缺的且破败的古迹，还是要保护佛雕不受破坏，那男子的呼声一次比一次急促高扬。

正在修缮的佛雕

环顾与奇形怪状的石林相依千年的石窟群，不难发现石窟从修建以来，历代封建王朝都在这里有明显的痕迹。石雕像从欧洲人的面孔到亚洲人的风格，各具特色，有大唐王朝为佛家文明的增色，也有清王朝弘扬藏传佛教的添彩，就连宋王朝都留下修饰的痕迹。唯有近代留下的却是风雨与人为的破坏痕迹，有对断臂残肢的刻画，也有修缮——将石雕完善成当初的模样，有的则变得更为奇怪。

每一座石雕都有佛龛、编号，也有门框枷锁。沿山谷而去，有的石雕与荡漾的刘家峡水位在“亲近”，有的已经为上涨的水位让出了佛龛。其中被学界认为是国内现存的北魏时期唯一一尊长 8.6 米、据称有重要的历史研究价值的泥塑卧佛，就是一个典型的例子。石壁上这样记录着：“某年某月，16 号窟搬迁，原位于水下 N 米”。还有些佛龛被制作的门框紧锁其间；更多的石雕佛像、壁画就那么袒露着他们的衣履、神采。

河间一桥飞架，两山牵手。坐落在河畔的几间红墙碧瓦寺院与风吹雨淋的石窟遥遥相望，红绿与破败形成鲜明对比：一侧是游人行走游览，佛雕没落，时而听见几声叹息；一侧是管理人员在树荫下闲坐品茗，时不时发出几声“别照相”的吆喝。这便是下寺。

河水到此也到尽头了。沿着河床土路，依山谷而进，一路上石峰怪异，造型奇特。有好事者为山峰命名，或为兽名，或为神名，亦有人名，随心所欲。进入大约 5 华里，便到了坐落在大寺沟内、曲径幽深的上寺。环顾四面山峰，上寺之妙可谓别有洞天。游人很少行至此处，“到此一游”的题名也不多，雕像多为明清时代所建，故下寺那样的断臂残肢颇少。

炳灵寺有关资料这样记载着：石窟存窟龛 183 个，造像近 800 躯，分石胎泥塑和泥塑两种，壁画共约 900 平方米。其中 169 窟开凿于一天然石洞中，规模最大。浮雕石塔 25 座。炳灵寺石窟雕像 776 躯，其中石像 694 躯，泥塑 82 躯，主要人物有释迦牟尼、观世音菩萨、无量寿佛、弥勒佛以及其他各种菩萨、佛等。资料还描绘说，石雕、壁画中人物造型概括，手法简练，肢体半裸，衣裙飞动，姿态优雅，静中有动，比例协调，充分体现西北画作浑厚粗犷之神韵。

炳灵寺壁画

据了解，炳灵石林方圆足有几十公里，属红色砂砾岩，传说形成石林的石头最早是大禹

“导河积石”时搬来，故被人称为“小积石山”。这些红砾岩经过几千年的风雕水刻，形成了今天千姿百态的丹霞地貌。因为地质环境易于开凿雕造，加之这是丝绸之路的重镇，又有乐佛的先例，因此，历朝历代有信仰佛教的君主均在此供奉了神位，以敬畏未知。

这里虽是黄河之畔，但起先河水未必如这般汹涌，因而历代修缮的佛雕保存还算完好。附近居民说，炳灵寺大佛原有佛阁在清末被毁，后来虽然有过简单维修，但由于大佛露天耸立，长期风吹雨蚀，已经出现了表层风化、局部脱落等现象。到近代，高峡出平湖，雕像不耐风化潮解，逐年风化了许多；后来又有“牛鬼蛇神”、“四旧”思想作祟，与甘肃境内其他地方的古寺一样，这里的佛像、壁画遭遇了刀割、锤砸之祸。

看着一座座高达数十米、残缺的佛雕，一张张失色的壁画，一片片在风吹雨打中脱落的颜色，一粒粒在呼啸的风中消失的细沙，眷念与不舍在那失色的壁画、残缺的佛雕像上一一展现。

“黄河之水天上来，奔流到海不复还。”望着浑浊的黄河水，不免追忆起唐代诗人李白的豪情，只是李白歌颂黄河之时也绝想不到，这浩瀚汹涌的浑浊浪花轻轻敲打着石窟的裙边时，也悄然抹去了石窟的岁月与颜色，和千年来的苦楚与无奈。这浑浊的浪花翻滚着卷去了石窟的记忆，也卷去了炳灵石窟道不尽的千年沧桑。

黄河两岸的千百万黄河子民来此顶礼膜拜时，也只能猜想那梦萦魂牵的岁月里究竟有多少血汗，有多少虔诚，有多少与金钱无关的故事。

（写于 2008 年）

敦　煌　魂

1

从瓜州开始，漫卷的西风将我深邃的思绪遥遥拉起。像一只纤纤细手，也像人们想象中飞天的丝彩，一头系在莫高窟前王道士塔上，一头系在我的心头，在西风中狂舞，欲将21世纪的我牵系而去。

瓜州的点点星光，根本不了解那哀愁，甚至对千年前的乡愁与游子吟唱，也至今无法理解；更不能理解远离莫高窟，在太平洋彼岸游离的灵魂的渴望。

2

经过数小时的奔波，我惶恐不安地随着呼啸的列车、凝固的西风，来到敦煌市东南25千米处的鸣沙山东麓断崖边，看到了已经哀怨千年的莫高石窟。

这是一所信仰与心灵的驿站。

我践行着一个迟到的约定：错过了万千僧侣跋涉万里的回眸，错过了工匠们日夜忘时刻画的瞬间，错过了王道士发掘的辉煌时期，错过了张大千临摹的深夜。我孤独地站在石窟之前，任由残余的拓片漂浮在上空，幽怨、环翔；任由风中的石砾吟唱、哀叹。

虽然时隔了千年，但我依然可以看见1000多年前，僧侣与工匠们在绝壁上刻画的模样：杂草丛生的悬崖之上，通过栈道攀缘，工匠、僧侣迎绝壁而上，峭立其中。他们一手紧握绝壁栈道的绳索，一手用力在山崖上钻、挫

石窟；日累月积，石窟逐渐扩大。他们一边向山崖腹部挖掘，一边开始构思并刻画着巨佛的模样，同时注入世间的传奇故事。他们用一道道鲜明的色彩、精湛的艺术手笔，演绎了一个个经典的神奇故事，循循诱导世人向善济世的心怀、助人为乐的心态，追求和平、自由与平等的精神境界，并帮助需要帮助的人，不论对象是善者，还是一时为恶的人。

博爱的心怀与崇高的精神的确让人感动，足以让世间参悟到其中道理的人舍生忘死地追求，足以让双手沾满鲜血的人悔悟，足以让人们心中贪婪的物欲、妄念平静，足以让已经在物质世界里挣扎的心灵得到重生，足以让充斥欲望的世界、等级划分的社会得到净化，足以让追求者前仆后继。

石窟沿着绝壁一字排开，高低有序，错落有致，大小不一，是目前国内乃至世界罕见的石窟群，不论是绘画图像，还是泥塑雕像、石刻坐佛均是千年来保存完好的石窟群之一。尽管这里演绎并传诵着善良与美好，尽管这里传承着自由与平等，但是并不能代表自由、平等乃至善良与美好会得到弘扬，发扬光大，甚至可以完好地保存。

的确，事实并不是想象的那样。

对于自由、平等、向善以及对美好生活的向往，亘古便有，但对于充斥物欲与权利的社会来说，这是它们最大的阻碍与“顽敌”。因此，破坏或压制自由、平等乃至向善和美好生活的机器也一直存在，“禁佛运动”便是其中的一种形式。

翘指细数，秦汉至唐宋，对于影响社会民众的宗教，乃至企图改变人们思维的信仰，一直是独裁者、霸权者限制的第一目标。他们恐惧被愚弄的民众觉醒，恐惧独霸的权利被分化甚至瓦解，恐惧掠夺的物质被归还。于是，便有了压制一切让人觉醒的声音，制止一切让人醒悟的动作，自然也要控制追求自由与平等的思想和行为。这一些思想、声音、动作是独裁者认为需要灭杀与铲除的异己。

莫高窟，便是一例佐证。数千年的破坏印记已经无法求证，数千年来的制止痕迹也很难辨别，但百年前的王道士还是证明了一些事实。

站在石窟前，面对着巨佛前的道士坐像，虽然时隔了百年，我仿佛看见穿着土布棉衣、目光呆滞、畏畏缩缩的王道士，在充斥着饥饿与杀戮的世界中穿梭、奔波、挣扎与嘶喊。模样还是他从清兵队伍中逃跑到甘肃的样子，和大多数生存在底层的普通人没有什么区别。虽说他是道士，但是在那个动

荡的时代，有谁曾想到，这个逃兵化身的道士竟然执掌了莫高窟的家，掌握了佛教，甚至中国古代灿烂文化的命运。

也许，他就是为了活着。

3

唐代《李克让重修莫高窟佛龛碑》的记载这样描述：前秦建元二年（366 年），僧人乐僔路过山崖，看见山崖金光闪耀，好像有很多佛神现身，于是便在岩壁上开凿了第一个洞窟。此后，陆续有禅师僧侣继续在此建洞修禅，他们称此窟为“漠高窟”，意为“沙漠的高处”。后世因“漠”与“莫”通用，便改称为“莫高窟”。

五代十国时期（前秦、北魏、西魏等时期），因为战乱生灵涂炭，为了社会阶层平稳，政权稳固，人心平静，接受政权领导或驱使，当时的统治者崇信佛教，因此，莫高窟石窟的建造得到王公贵族们以及统治者的大力支持，发展较快。隋唐时期，随着丝绸之路的商业繁荣，东西方宗教思想的交流加强，莫高窟的修建更是兴盛，甚至成为东西方文化交汇的驿站，宗教人士的禅理讲颂、哲学思想传播、生活起居都在洞窟进行。

有资料显示，莫高窟现存北魏至元代的洞窟 735 个，分为南北两区。南区是莫高窟的主体，为僧侣们从事宗教活动的场所，有 487 个洞窟，均有壁画或塑像。北区有 248 个洞窟，其中只有 5 个存在壁画或塑像，而其他的都是僧侣修行、居住和死亡后掩埋的场所，有土炕、灶炕、烟道、壁龛、台灯等生活设施。两区共计 492 个洞窟存在壁画和塑像，有壁画 4.5 万平方米、泥质彩塑 2415 尊、唐宋木构崖檐 5 个，以及数千块莲花柱石、铺地花砖等。古代鼎盛时期，石窟达到千余座。

如今依然可以看到，石窟范围南北长 1680 米，洞窟分布高低错落、鳞次栉比，上下高达 50 米。

4

可以说，莫高窟是一座融绘画、雕塑和建筑艺术于一体，以壁画为主、塑像为辅的大型石窟寺。不仅是中国的瑰宝，更是世界文明的奇迹。

仔细观察不难发现，石窟形制主要有禅窟、中心塔柱窟、殿堂窟、中心佛坛窟、四壁三龛窟、大像窟、涅槃窟等。从宗教思想、文明的角度阐述了

人类由生至死的过程，从物质到精神的永生，陈述了人类对和平、自由、平等以及公开、公平的向往。

其中，绘于洞窟的四壁、窟顶和佛龛内的壁画内容博大精深，主要有佛像、佛教故事、佛教史迹、经变、神怪、供养人、装饰图案等七类题材，此外还有很多表现当时狩猎、耕作、纺织、交通、战争、建设、舞蹈、婚丧嫁娶等社会生活各方面的画作。这些画有的雄浑宽广，有的瑰丽华艳，体现了不同时期的艺术风格和宗教思想特色。

随着导游的扬声器呼叫，讲解员千万遍枯燥的讲解，我的心随着眼睛与漫天飞舞的美丽“飞天”在空中飘扬，向无边无际的茫茫宇宙飞升，时而在空中俯冲，势若流星；时而穿过云霄高阁，宛如游龙；时而随风悠悠漫卷，优美而空灵；最后虔诚地侍奉于平静与安详，皈依于平等与自由。

看着炽热的色彩，飞动的线条，可以想象到：不论是东来的思想传播者，还是西去的追随者，在这些通往理想与美好的通途上，他们用壁画表达了对自由、和平、平等生活的向往，传播着对这些美好境界的追求。时隔千年，依然能够让人感受到他们在大漠荒原上执着的不懈追求和激情的感召。

“来吧，一起追求自由与平等、公平而幸福的生活。”

5

最为吝啬的也许应该是导游吧，他们把敦煌石窟完全当成了摇钱树，尽管我们虔诚的心灵期盼探索更多的石窟，但我们只能瞻仰百分之一的洞窟。

尽管如此，我们依然可以观察到，石窟大小不一，且相差甚远，最大的第 16 窟面积达 268 平方米，最小的第 37 窟高不盈尺。据原始资料记载，石窟外原有木造殿宇，并有走廊、栈道等相连，只可惜在历代统治者的暴力摧毁与重建的争权运动中，石窟寺支离破碎，目前只能看到当年初建的残肢与后续的伤痕了。

任何一个时期宗教思想的兴起，均与当时的政治社会背景、经济与思想汇集有关。以史料为证，北宋、西夏和元代期间，莫高窟再没有扩建，洞窟的建设仅仅维持在以重修为主。元代是一个多民族融合的时代，但也是一个人类等级分明的时代，华夏民族的后裔更被视为下等人；对平等与自由的追求，则是统治者重点限制的范畴，其时，奴役与愚弄充斥着社会。

那时，平等、自由、公平的生活向往再一次被泯灭，人性中的贪婪被无限释放，兽性从人性中、从心灵的枷锁里蹿出，肆虐着人类的心灵与社会。标志着平等思想追求、公平生活向往、普世价值展示的莫高窟逐渐湮没于世人的视野中。

抚摸着一个又一个时代的足迹，一个又一个霸权统一时遗留的刀痕，熟知历史的人都可以读到这样的历史细节：从纷争的五代十国战乱时期对亡灵的忏悔，到战火中人们对平等生活、自由思想的追求，从宋元明清和平时期独裁者愚弄大众与社会的口吻，到士农工商发展经济时，等级分明与阶层森严的线条，无不明晰，无处不在。但是到现在，我们依然不能理解战火时期的追求与和平社会中的愚弄。

战火中的追求是一种悲剧，和平中的愚弄也是一种悲剧，还有一种悲剧是人们完全想不到的，那就是发现的悲剧。在中国的很多个时期，特别是封建王国衰落时期，发现的悲剧往往令人痛彻心扉。

莫高窟淡出人们视野之后的复出，就是这么一个例子，而这，也仅仅是华夏民族悲剧中的一例故事。

6

许多人将悲剧的导演者归于王道士，也有很多人认为是那些涌入中国以学术为由的西方人制造了悲剧。但又有谁会料到，悲剧不仅仅是已经发生过的，而且如今还有重演的迹象。

1900 年，那时的清王朝已经是在风雨飘摇中，政府与官员的腐败无能，导致民不聊生，国土被瓜分，利益被瓜分。

而偏安一隅的莫高窟得到片刻的宁静。作为莫高窟的主人，道士王圆箓为了将已被遗弃许久的部分洞窟改建为道观，以获得更多的香火，发展他的道教事业，提高他的

王道士墓

活着的水准，他对莫高窟进行了大规模的清扫。就在他清理一所洞窟的淤沙时，偶然发现了北侧甬道壁上的一个小门，打开小门，是一间长宽各2.6米、高3.0米的方形窟室，在窟室内，他发现了五代十国到北宋时期以来存放的历代文书和纸画、绢画、刺绣等物品，这些物品堆积如山。

但是对于一个从农民到士兵，从逃兵到道士的王圆箓而言，这无疑就是一堆废纸，一堆没有任何意义的废品。

据有关资料显示，这里堆放的物品有5万多件，被后世称为“藏经洞”。有人分析，这是北宋时期莫高窟的僧人为了躲避军队破坏，封存的经卷、文件以及绘画作品。

对中国乃至世界而言，这是一个重大的发现：这里发现的文本多为写本，少量为刻本，汉文书写的约占5/6，其他的则为古代藏文、梵文、齐卢文、粟特文、和阗文、回鹘文、龟兹文等。虽然文书内容主要是佛经，但也有道经、儒家经典、小说、诗赋、史籍、地籍、账册、历本、契据、信札、状牒等，其中不少是孤本和绝本。对于很多学者、官员，以至于强盗、骗子和窃贼来说，这些是价值连城的瑰宝。

因此，他的发现很快吸引了很多所谓的考古学家、探险家。

1907年，英国人马尔克·奥莱尔·斯坦因沿着罗布泊以南的古丝绸之路来到了敦煌。听说了莫高窟的发现后，他找到王圆箓，以资助王道士兴修道观为名骗取信任，然后实现了进入藏经洞拣选文书的目的，最终他花了200两银子，便换取了24箱写本和5箱其他艺术品并带走。

1908年，精通汉学的法国人伯希和在得知莫高窟发现古代写本后，立即从迪化赶到敦煌。他在洞中拣选了3个星期，最终以600两银子的价格，获取了5000多件堪称精华的敦煌文书。1909年，伯希和在北京向一些学者出示了几本敦煌珍本，引起了国内学界的注意，这些学者向清朝学部上书，要求甘肃和敦煌地方政府马上清点藏经洞文献，并运送进京。清廷指定由甘肃布政使何彦升负责押运。到了北京后，1900年发现的5万多件文献，只剩下了8757件进入京城。

其间，王圆箓还藏匿了一些写本，卖给日本人吉川小一郎和橘瑞超。1914年，俄罗斯佛学家奥尔登堡对已经搬空的藏经洞进行了挖掘，又获得了1万多件文物碎片。同年，英国人斯坦因再次来到莫高窟，又以500两银子的价格向王圆箓购得了570件敦煌文献。

目前，在俄罗斯科学院东方学研究所、法国国立图书馆、英国大英博物馆和印度的一些博物馆，依然可以看到这些被以各种名义取走的敦煌文献，其中，大英博物馆现拥有与敦煌相关的藏品约 1. 37 万件，是世界上存有敦煌文物最多的地方。

除了这些文献外，洞窟壁画和塑像也让这些远道而来者感觉价值不菲：除了伯希和对这些壁画有非常的兴趣之外，1914 年，俄国人奥尔登堡又从敦煌拿走一批经卷写本，并进行洞窟测绘，还盗走了第263 窟的壁画。1924 年，美国人华尔纳用特制的化学胶液，粘揭盗走莫高窟壁画26 块。

20 世纪 40 年代，张大千先生到来时，已有些迟了。

此时，莫高窟这沙漠高处的藏经洞里只剩下了壁画，于是，他开始在此临摹壁画。不过临摹的拓片也让他有王道士一样的发现：部分壁画竟然有内外两层，揭去外层壁画，内层的壁画历史更加悠久，绘画更加精美，于是，张先生开始观赏、临摹内层壁画，外层壁画被一一揭起。

正因为此，莫高石窟及其封存的文明被“发扬光大”，但其精神与灵魂却愈发支离破碎：有的散落在民间井市，有的散落在欧亚大陆，有的散落在破旧行囊中，还有的碎裂在风中，成为绝唱。

（写于 2009 年）

阳关离歌

1

渭城朝雨浥轻尘，
客舍青青柳色新。
劝君更进一杯酒，
西出阳关无故人。
——唐·王维《送元二使安西》

又是9月，踏着古歌，我们乘坐的汽车嘶鸣着冲出敦煌小城，如同撒欢的大宛驹，一头闯进戈壁，向阳关古城奔驰而去。堪比元二西去的快马，更胜王参军千年的牵挂。

领略着旷野的凉风，回望漂浮在云端守望着戈壁的雪山，追忆之心更切，追思的脚步更欢。千年来，戈壁上空飞舞的砾石，还在欢唱着王参军送行的劝酒歌，还吟唱着千年的追思。

这70千米的崎岖戈壁道，传闻已经成为人人皆知的“古董滩”了。传说这是因为在公元前121年，西汉王朝为抗击匈奴，经营西域，在河西走廊设置了武威、张掖、酒泉、敦煌四郡。从此，阳关作为通往西域的门户、“丝绸之路”南路的必经关隘，不仅战略地位极其重要，也成了往来欧亚大陆的经济、文化交流的主要途径。

史料这样记载：西汉时，南湖置龙勒县，阳关为都尉治所；魏晋时，设置阳关县；唐代设寿昌县。事实上，西汉以来，许多王朝都把阳关作为重要关隘。有多少将士曾在这里戍守征战；还有多少商贾、僧侣、使臣、游客曾在这里验证过关；又有多少文人骚客面对阳关，感慨万千，写下了不朽的诗篇。

其实，也只有追思了。沿途中，我们所见的不是没有边际的戈壁，就是边关烽燧的残骸遗址，还有一座边关新营，一块书写着“阳关”字样的石块。汽车越驶越快，距离书写着“阳关”字样的石块越来越近。

下得车来，王参军醉态可掬地“站”在眼前：一手举着酒杯，一手端着酒壶；一脸笑容，一脸酒意；一脸真诚，一脸期盼。只可惜兹此后，再无故人相见，徒有牵挂飘散、屹立于西风中。阳关旧城前，孤立的身影已经不仅仅是王参军一人了，虽然时隔千年，可有谁曾细数千年来，在这阳关前屹立期盼、牵挂的有多少人？还有谁会计较屹立的身影是谁？是似曾相识的错觉？还是的确似曾相识？

然而，似曾相识的不仅仅是那份千年不变的牵挂，还有墩墩山上的一座烽火台与山下望不到头的大沙滩，传说这是阳关遗址。阳关城关已经被千年来的流沙淹没，山上残存的烽燧经历了千年的风雨侵蚀，只成为送行人与西去之人心中一种苍凉壮阔的情怀，成为人们无尽的惆怅与寄托。

站立凉亭远眺，错落起伏的沙丘自东向西排成行列，传说的“阳关砚”就是产自这里。传说这些沙丘间残留着汉唐陶片，因为陶片颜色乌黑、质地细腻且坚硬如石，被不少文人拾取研磨留念，久而久之便传成“阳关砚”。

其实被传诵的不只有阳关砚，还有千年来似曾相识的牵挂与寄托。只是不论是千年前的王参军，还是西行僧侣、商旅，他们万万想不到，在如今的世界里，这样纯洁的牵挂与寄托，已经成为殿堂内供奉的标本，成为人世间虚无缥缈的传说。

阳关旧址

2

和任何一个旧关遗址一样，阳关旧城虽然在流沙下长眠，但流沙上还有一座巍峨的阳关。这里有似曾相识的官吏，有似曾相识的牌楼，美其名曰：“阳关博物馆”。

事实上，在这样沙石飞舞的戈壁滩上，这样屹立千年的雄关里，不仅保存着王维的诗歌，珍藏着元二的足迹、唐宋以来文人墨客追寻着的风流，更供奉着人世间最为珍贵的情谊。千年至今，依然如此珍贵、珍稀。

阳关城楼前的塑像

闲走在阁楼里，漫步在城墙上，尽管城郭新砌，但似曾相识的残戈铁马，金铜绿锈间，还依稀可以看到残余的、飘散千年的友谊。对于生活在城市森林的现代人来说，这般真挚的友谊、亲情、爱情可谓奢侈，甚至被看成流传的神话。

在人头涌涌、繁花似锦的国际都市深圳，就发生了这样一件事：5 个身价不菲、家产千万的富翁，却不愿意承担 80 多岁老母的生活费用，导致母亲衣食无着。而这样不赡养父母，甚至殴打父母的咄咄怪事，每天都在都市乃至城镇、乡村中上演。

这样的现象，也让世人深思：亲情何以变得一文不值？亲情缘何成为传奇神话，而仅存在于一些流传的文章中？现实中人们看到，因为物质欲望的无穷尽，因为物欲横流的奢华，更多的人变得唯物至上，奢华为尊。所谓亲情，所谓友谊，只能供奉在大西北的戈壁滩中，任凭西风漫卷，任凭叹息飘散，让在城市森林中奔袭的人们只能渴望，却不敢渴求。

情谊成为奢望，渴望成为笑话，这就是现下的世道。

对于深圳这样快速发展的移民城市而言，大多数人是相对孤立的，在这样的城市，他们没有传统中三姑六婆的血脉亲情，也没有青梅竹马的发小，更没有托付生死的知己。为此，一个个原本热血沸腾的青年，梦想着狂舞的独立人群，不得不纷纷伪装面孔捍卫自己，却在深夜或伪装得疲惫时，渴望情谊，渴望托付生死的知己，渴望温暖或可以依靠的臂膀。长此以往，使后来者以为世上根本没有情谊，只有交易；没有真挚，只有做作而已。

同时也不得不承认，在这样的城市里，渴望这样的真挚，往往会成为人们茶余饭后的笑料，成为人们眼中的滑稽。

3

跨进今日新建的阳关“都尉府”中，但见汉卒打扮的士兵分列两廊，一位身穿蓝袍、头戴汉代文官帽的中年男士和另一位穿铁甲护心镜的“将军”，便是“都尉”和“敦煌郡司户参军”。

不知道是迎合现下的潮流，还是当年便有收钱盖章过关的习惯，两位貌似“官员”的“官员”，在所谓的府衙内表演着以权谋私的生计。阳关别离，陈列在关外的王维醉态可掬的笑容，却无人相识，任由那憨厚、热情的笑容，在风沙中凝固。

人流如潮，来来往往，过往人群中，除了部分玩乐的，也有抱着窥探情谊“真容”心思的人，只是他们经过凝固的笑容，却不识那炙热的真情。也许习惯了奢侈品一样的情谊难寻，也许习惯了在供台前仰望，但世人的心里还是如此地期盼，期盼友情，就像是久旱的稻田渴望雨露一样。当然人们也知道，人群中的这些人均来自熙熙攘攘的城市。

新建的阳关城楼

“我谁都不信，有时候甚至包括自己眼睛所看到的与耳朵所听到的。”

这样的话，早在数十年前便有人说；这样的话，在城市里不仅仅是一个人这样说。许多人只相信物质、金钱，他们甚至片面地认为，只有物质与金钱才能依靠。亲情、爱情、友谊，不过是街头杂耍的“把戏”而已。

即使从闹市到戈壁，从都市到乡野，即使心情迫切，但世人追寻的真情，在茫茫沙漠上、戈壁滩前，依然时不时与人擦肩而过。

“劝君更进一杯酒，西出阳关无故人。”

千古绝唱，成为千古嗟叹。在无人不相识、相交满天下、网友遍九州的信息通畅的时代，在弹指间就可以结识天涯之人，弹指间亦可骗取天涯之人信任的时代，如今的离歌，不在阳关吟唱了，而是遍地可闻，只是没有别离之人。

仅有《离歌》独唱：

兹此别离后，夜夜不曾眠；
默默望残月，寂寂对枕言；
幽幽寄絮语，日日盼月圆；
叽唧织软语，细细绘婵娟。

（写于 2009 年）

雅 丹 盗

1

离开阳关之后，汽车继续在戈壁滩上奔驰。从远处看，汽车就像一只在旷野爬行的甲壳虫，艰难地颠簸着身子却又敏捷快速地行进，完全融入戈壁，就像自然生成一般，缺一不可。当然，在烈日下的汽车内，我们丝毫感觉不到这种道法自然的场景，倒是不远处隐约可见的大厦、楼船格外引人瞩目，让人奇怪的是竟然还有一座水塔与连片的汪洋。

汽车越驶越快，但那片汪洋与大厦、楼船，不但没有走近，反而显得更加遥不可及。“海市蜃楼?!”当这几个字跳进我的脑海时，便有了琢磨这奇异的现象与远古传说的心思。虽然现下已经不是战火纷飞、食不果腹的时代，但是“森林法则”并没有消失，抢掠与豪夺以另外的形式存在着，所以，追寻世外桃源、贪图平静生活的想法，至今还是世人脑海里的梦想。

事实上，我们的目的地就是数十公里外的魔鬼城。所谓魔鬼城，其实就是举世闻名的“雅丹地貌”群，是经过数千万年的风雨侵蚀和大自然的雕琢之后，形成为目前这种形状。其形状怪异，风洞大小、长短不同，每到夜晚因为风吹的缘故，人们经常会听到犹如恶鬼、狂魔怒吼、嘶喊的声音，路人甚感恐惧，故呼之“魔鬼城”。

沿着疏勒河谷曾经的丝绸之路我们一路向西，据说西行 3 小时便可以达到魔鬼城。一路上，汉代长城紧紧相随，烽燧遗址依稀可见，雪山与烈日不离不弃。看上去毫无生气的戈壁，因为我们的汽车变得生机勃发，仿佛在展现这条古道昔日的繁华。

据说，在古代，这是一条联通欧亚大陆的道路。一群群骆驼、马队和带着货物往返东西世界的人们，悠扬的驼铃声、成线状的队形，漫卷的黄沙与残阳，在人们的脑海中形成永久性的画面，就如同戈壁上的胡杨树一般生长、固化、坚毅。甚至成为世人口头讲述的神话、传奇，从亚洲延伸到了欧洲，从远古延伸到了现代。

不过，我们的路还没有延伸到“国界”，甚至还没有到魔鬼城，就被隔断了。

2

阻碍我们前行的是一道没有边际的“墙”。事实上，这堵“墙”不仅仅是隔断了我们的道路，更是在欧亚两大洲的通途上拉开了一道鸿沟。虽然也修建了连接两“岸”的“桥梁”，不过，过“桥”者需缴纳“买路钱”。

民间解说是这样的，在附近的居民看来，这里原本没有什么奇异之处，仅是一条通往新疆甚至欧洲大陆的道路而已，从古至今和很多地方一样，行走的人多了，荒原就变成了通途。这条道路已多年被人们使用。因为戈壁滩上风狂雨暴，经过多年风雨的侵蚀，戈壁滩上的荒原被洗刷出各种形状。每到深夜，戈壁滩狂风大作，狂风穿过戈壁滩时的嘶鸣如鬼哭狼嚎一般，因而被人们唤作“魔鬼城”。

漫步魔鬼城若有所思

之后，有媒体记者偶遇“魔鬼城”，通过文字与图片的组合，一篇图文并茂的美文，将魔鬼城的大名传了出来，于是各路媒体记者、探险驴友、摄影爱好者，均被魔鬼城自然精致与无穷魅力所吸引，纷纷前往游览。

过往的看客多了，自然有人利用并发掘商机，魔鬼城就是一个最好的例子，有关部门就没有放过如此好的赚钱机会。首先是一道围墙，将魔鬼城圈禁，然后修建了辅助设施，这样就出现了我们看见的类似的境地：“此树是我栽，此路是我开，要想由此过，留下买路财”。

通往新疆甚至欧洲大陆的道路由此终结，道路仅允许旅游公司的车辆进入，其他车辆一律停止，少数附近开矿或居住的人们出入需要办证。

而其实，这样的境况并非只有魔鬼城如此，神州大地或崇山峻岭，或深山寺庙，或近港海湾莫不如此，先圈地占有，后纳钱售票。无有钱财能进者，唯有高官重权之人；寻常人家进出不得。

“当今之世已是钱途通行之世矣。”

面对这样的怨叹，人们细想，所谓封建王朝常见的跑马圈地之事，千年未变，如今何尝不是跑马圈地呢？城市圈地用于房屋建设，郊外圈地，如魔鬼城者比比皆是，纵是老天爷的手笔一样被圈禁。这样的行径让人想起“人定胜天”的壮志豪语。

3

晴空万里，蒙面带纱的路人在给我们描述风起沙漫天的场景时，我的脑海里立即闪现出“沙尘暴”三个字。不错，有资料显示，在这戈壁滩上，常年风力 4 ～ 5 级，八九级风也并不罕见。但也正是因为常年的风蚀、雨蚀，造就了魔鬼城神奇的地貌。

走进魔鬼城之内，一股悠扬缥缈的声音在耳边飞舞。一股股风在戈壁滩上卷起细小沙石，形成小小的卷风，沙石在风中摩擦，发出悦耳的声音，就像是老天赏赐的天籁。

我们没有驾驶自己的汽车，而是搭乘景区的车辆，就像搭上了渡船沿着一条延伸的海路西去。平坦的戈壁滩上，一座座土丘峰峦突兀耸立，就像是一艘艘舰船：或是依岸停泊，或是张帆待发，或是缓缓离岸远去，或是缓缓进港，千帆欲张，万舸争流，一艘艘舰船错落有致，成行成排，恰如远航船队进港或待发的场景，一派凝固的航海画面尽展眼前。

烈日下，尽管我们汗如雨下，心却在蔚蓝的天空下欢悦飞翔，全然不觉这座鬼斧神工自然雕琢的地貌，犹如傲视戈壁的雄主，被关在一个怪圈之内。倘若飞跃半空俯瞰会惊奇地发现，一艘艘威猛的舰船，竟被一条细绳圈在浩瀚大海一角，实是大戈壁滩乃至天地间的遗憾。

尽管如此，魔鬼城独特的魅力是毋庸置疑的，每个雅丹地貌都各具形态，千奇百怪，造型生动，惟妙惟肖，如宝塔、宫殿，更有如同昂首屹立远眺的金孔雀、展翅欲飞的雄鹰，还有怒目远视的武士和亭亭玉立的女子，如同设计师精心布置一般。唯可惜被赋予了一些怪异的名称，比如：“金狮迎客”、“人面狮身像”、“孔雀开屏”，等等，仅是因为形态近似，也因为来往看官需求，以此满足看客。

在这经过风雨雕琢的雅丹地貌群内，放飞的思绪浮想联翩，放飞的心灵宁静祥和，屹立其间，融入大自然的怀抱，张开臂膀，便能领略到大自然的神奇，拥抱祥和而有力的自然。

可以这样赞誉，敦煌及魔鬼城的雅丹地貌的形成时间之久远，地貌之奇特多样，规模之大，艺术品位之高，堪称大漠地质博物馆。但是被“圈禁”成为摇钱树之后，魔鬼城开始失去它的神秘，甚至被蒙上一层阴云。

在魔鬼城内，我久久徘徊，四下寻觅、探索，除了那美丽的石头，奇形怪状的岩山，我企图找到大自然的真谛，神灵赋予大地的力量。在这里，我不得不说大地的宽容，也不得不赞美大地的执着，任凭人们随意践踏这鬼斧神工般的作品，不到不能承受的时候，依然默默无语。

魔鬼城石林

离开魔鬼城时，已经是黄昏，火红的太阳失去了火辣辣的热力，变成一个蛋黄般的圆球，遥遥悬挂在天空。从下午18时直到20时，不知道是眷念还是依依不舍，太阳一直默默地在半空中伴随着我们，直到敦煌，它才与魔鬼城一起沉没消失在戈壁滩上。

4

离开敦煌之后，我一直想用文字记录下魔鬼城的遭遇，想与魔鬼城一起发出一声怒吼，为自己，也为魔鬼城，更为许许多多的妖魔城、魔鬼岭或神山、仙境，呐喊对自由的渴望，呐喊被禁锢的艰辛，且不论是否有用。

但回到深圳这样的国际都市之后，我才发现自己是从一个禁锢区域，来到了另一个禁锢区域，从一种“钱途”通行的境地，来到了另一种物欲横流的境地。唯有不同的是这里的深夜没有魔鬼城一般的怒吼，只有魔鬼的嘶鸣，与被吞噬的灵魂的呻吟。十万洪荒，我被席卷其中，时时听到“此树是我栽，此路是我开”的嘶鸣，惯用的“森林法则”，在魔鬼城之外被发挥得更加淋漓尽致。

躲在鄙陋的角落里，我用卑微且颤抖的手小心翼翼地翻阅着“森林法则”，仔细打量着每一个字，企图从字里行间找到一点破绽，企图在这不被关注的缝隙里，发掘一块净地，或者从污泥中找到无染的莲子，救赎自己或愿意被救赎的灵魂。

没有星光，没有月亮，漆黑的夜晚，摸黑行走，其中艰辛唯有行者自知。尽管人们说，魔鬼城的黑夜更为惊骇，在无垠的大漠中，静默且深沉的魔鬼城，这时突然神秘，并发出骇闻的怒吼；只是它不明白是为我们过往路人抱不平，还是为自己的遭遇咆哮。但是人们不知道，在连怒吼也没有的城市水泥森林的黑夜里，那才异常骇人。

因此，我很想说，魔鬼城不是城，是人们生存的一个缩影：不论境地如何，尽管只有偶尔的咆哮或怒吼，但有咆哮胜过寂静黑夜。咆哮，有时候也是希望。

（写于 2009 年）

寻找失落的文明

每次回顾总是痛心疾首，每次展望总是满目沧桑，不敢奢望能改变这一切，只希望，呼吁能让冷漠有一些回热，麻木有一丝知觉；知道是无奈，尽了力量，即使再叹息，也不遗憾。

悲哉！积石山古迹

积石雄关是里程碑，它记载着大禹治水的艰辛和辛酸。但是现在，我们只能听见这样神话般的故事，见不到当年的痕迹；就连荒芜的庙宇也没有了痕迹。石佛寺就像一张老人的脸，刻着沧桑，写着寂寞，现在遗留在佛龛的残缺的佛像、依稀可辨的头颅就是写照。

但是，走在三坪遗址的山岭之间，我总是小心翼翼，不是畏惧山高坡陡，而是担心踏破若干年前繁荣的见证，踏坏彩陶王的色彩。

甘肃积石山县以积石雄关而命名，其意是提倡发扬大禹精神。但是，我在积石雄关做调查时，发现当年大禹开山治水的遗址处，只见那奔流的黄河水，以及荒芜的雄关；而历代供奉大禹的庙宇，却被人修建成了民居；在与大禹庙相距不远处，曾经庙宇林立、罗列诸天神佛的石佛寺，不仅被人为破坏，而且遭受风雨侵蚀，就连曾经出土国内闻名的“彩陶王”的遗址也没有逃脱厄运。

有迹可考难寻根底的石佛寺

石佛寺是积石山县内的一个地方名，其实也是一处古代遗址。初识石佛寺纯属偶然，车至大河家镇口，探望窗外景色时，忽见一山呈丹霞之色耸立塬上，一座石佛安坐其中。下车细看，只见一片耕地前，一山耸立，山壁面上佛龛林立，却只有几座残缺的佛像在风中呈现落寞之色，在山脚下的两处佛洞也有被人放火烧过的痕迹。山腰上有一条狭窄的小道，山的壁面上遗留着许多栈道的痕迹，可以推测这里曾经是一个石窟佛像群。

向导介绍，这就是石佛寺。据说，这里曾经有许多佛像和庙宇，山腰上曾经庙宇林立，大佛层层叠叠，但是不知道这些佛像、庙宇修建于什么年代，就连史册上也少有记载。

沿着山体滑坡处的石缝爬上山腰后，我发现，栈道上遗留的小洞窝长约18厘米、高约40厘米、深有5～10厘米，每一个栈道相隔约0.8米，从山腰沿山体而上，残留的栈道有数十处之多。在几处佛龛之中，我发现了几处山体滑坡的痕迹，佛龛的破碎拓片随手可拾。这些破败不堪的石像，有的仅剩一个面目模糊的头颅，有的仅有一残躯，有的则是面孔全非。在山脚，唯保留完整的两处佛龛里尽是鸟兽的粪便，和放牧人烧火取暖的痕迹。对着一层又一层的佛台，可以想象当年的情景。

附近村里的老人说，山脚的佛龛里，以前曾罗列着许多小佛像，是数年前被人偷盗的。尽管村里的人们都知道石佛寺，但是没有人知道佛龛、石佛修建于何年，兴于何年，败于何年。

仅有年长的老人曾听说，过去石佛寺有佛像栩栩如生，有寺院依山而建。而村里的年轻人见到的就只有残缺的佛像、依稀可辨的佛头像、脱落的拓片等，从不见有人修复、管理。石佛寺就这么在风蚀雨浸、人为破坏中落寞、衰败。

打开积石山县志，关于石佛寺竟没有任何记载。该县旅游局韩局长正巧也是石佛寺附近的人。她说，石佛寺之名她早就知道，石佛寺所在地曾是河川，是20世纪70年代垦区里开出的耕地。对于当年的情况，她仅知道以前曾有成片的佛像、寺院，却也不清楚建于何年。

有根不见迹的禹王庙

车进入大河家乡后，改道往青海循化方向驶去。至关门村时，积石雄关便遥遥在望。望着积石雄关，当年大禹治水的情景展现在眼前：远古时期，洪水泛滥，大禹受舜之命治汪洋大水，从今积石关，凿石开山直至龙门，引得滔滔洪水至大洋，水患得治。为纪念大禹治水之功，后人在积石山大禹凿山引水之处建庙，塑大禹身像供奉。

车到积石关前，望着黄河两岸高耸而陡峭的石崖，不禁为远古时期的人们感叹：这些浩大的工程，就是今天用现代科技来运作，也应是万千艰难；而远古时期的大禹，却能如此能人之所不能，真是壮哉。据向导介绍，大禹庙原建于积石关门外龙支故地，因为庙宇败破，明嘉靖四年，御史卢向之又将大禹庙移至关内（今大河家乡关门村西临河台地）重建。据地方史志记载：庙宇坐西向东，前后长200丈，前有重门4间，中间有大殿6间，设有大禹神位、肖像，后面还有寝殿8间，左右有小房2间；建筑宏伟，曾名动一时。到清康熙四十一年（1702年），多种因素致大禹庙再次成为颓垣败瓦。后来，河州知州王全臣又在关外旧址上重修了大禹庙。

大禹庙历经千百年的风雨沧桑、几度变迁，到如今，旧址已无处可觅，只有新址还依稀可辨。关门村一位老人指着关门前的一栋民居与一栋办公楼之间的一堵土墙说，村民都说这是老墙，大禹庙址就在此；居民房就建在大禹庙址上。据说，这户人家修建房屋时曾挖出许多古代的砖块、瓦片、椽木。

面对一堵残破的土墙、败落的遗址，普通的居民想寻找一些旧日的痕迹已是不可能，就连向导都有些糊涂了，他惊讶地说，这是大禹庙址？怎么会被破坏成这般模样？

县旅游局韩局长介绍，大禹庙在关门村是正确的，被村民破坏是事实。当他们知道村民在挖遗址建民居时，曾去制止村民的扩大化破坏，但是民居已建成。

想象“前后200丈长、庙宇林立”的场景，看看眼前的民居和残缺的土墙，不论是历代的修筑者，还是现代的人们，都有一种沉重感；只有大禹治水的丰功伟绩还流传至今。

面目全非的三坪遗址

国家原邮电部发行的邮票“彩陶王”中的实物，就出土在积石山县的三坪遗址。

这天，我与向导一行翻山越岭来到三坪村这个贫瘠的村庄。下午时分，我们见到了三坪村的老支书戚永年，当年发掘“彩陶王”的人之一。

老支书一边领着我们向发掘“彩陶王”的地址走去，一边讲述着当年发掘和捐献文物的过程：1949年8月，一个雨后的晴天，老支书兄弟俩路过黄河边的塬地咀时，发现地上有一摊水，兄弟俩好奇地进行了挖掘。两人用手刨了半小时后，刨出了一个彩色大陶瓮。之后，这个陶瓮就在老支书家的堂屋里呆了5个年头。直到1954年，临夏州文化厅有关考古人员在老支书家发现了这个彩陶后，“彩陶王”的名字便传遍中国。老支书回忆说：

“当时考古人员在我家住了一周，到处打听文物发掘的情况，后来，又动员我把彩陶瓮献给了政府。”

依据文物专家的说法，彩陶高 49. 13 厘米，泥质红陶黑彩，以旋纹为主体。花纹富有飞动之势，造型古朴典雅，制作精美，是马家窑文化的代表性陶器。

“文物是国家所有，我们也不知道有什么价值，1994 年，邮电部门将‘彩陶王’图案印制成纪念邮票后，三坪村就开始了一场洗劫。”望着一个个光秃秃的山头，老支书不禁感慨万千。他指着圆地咀、犁地咀、城墙地，以及可以遥遥望见的二坪、头坪的几个山头，说：“自从村民知道这些彩陶的价值后，头坪的旧壮窠大锅、尕塬、二坪的麻黄咀以及三坪的圆地咀的几个山坡，到处都有人挖文物，进行地毯式的挖掘。一些有价值的陶器、铁或铜器被拿回了家，没有彩纹的、小的陶器大多被当成废品砸破或丢弃了。”面对被挖得遍体伤痕的山头，回想疯狂的年代，老支书的眼角已是一片湿润。

半小时后，在一片梯田边，一个塌陷的斜坡上，老支书指着一个陷坑说，这就是当年挖出“彩陶王”的地方。后来，又有人在此挖出几个小陶器，他们以为价值不大就当成废品砸破了。老支书告诉我说，后来这里成立了一个文物保护小组，他就是组长，但是这些山头已经是面目全非了。

站在曾经出土“彩陶王”的斜坡，望着一河之隔、已成为著名旅游区的炳灵寺，想着炳灵寺的繁华，我只有对着出土“彩陶王”的遗址叹息，为这些荒凉的、面目全非的山头叹息。

［采访手札］

在积石山县采访的 3 天里，我奔走在乡镇、村野之间，脑子里总是闪动着一幕幕文物、古迹被破坏的画面，高耸的积石关在风中哭泣，不息的黄河水在叹息。想一想，大禹开山疏水的故事，石佛寺始建者的艰辛，现在还陈列在北京博物馆的“彩陶王”；再回顾没有根源的石佛寺、残缺的神佛，痕迹全无的大禹庙，高耸的积石关，因为有“彩陶王”而被狂挖文物的三坪遗址，心里尽是悲哀：壮哉，积石关！悲哉，大禹庙！

一路东行，从兰州到临夏再到积石山这个偏僻小城，本以为可以找到先贤的文明足迹，探寻到先民敬畏与信仰的影子，但是我不得不承认失败了。

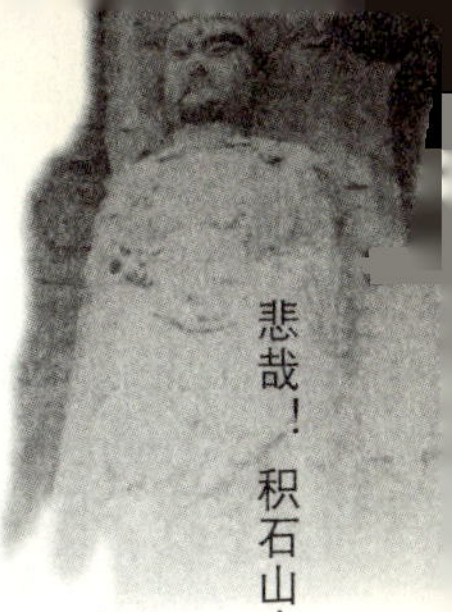

在现实中，我看到的却是物质与人性秩序上的颠覆。以物质为目的、为主要目标的行为、形态，充斥着乡镇乃至乡野。不论是断臂残肢的雕像，还是残破不堪的庙宇旧址，除了物质下的呻吟，我无法探寻到古文明的真谛与启示。

我不断追问，如今社会怎么了？为何会是物质主导一切？为什么文明会被物质奴役？

（写于2003年）

惊见“文物垃圾”

文物的价值不需要我这样的外行来多嘴，对于文物的保护、开发以及利用更不需要我等啰嗦，可是，当面对垃圾一般丢弃的珍贵文物时，我不能再沉默了。尽管我不是考古工作者，尽管我不是文物收藏者，但心情一样是沉重和悲痛的，就凭我是个社会人，就不能让良知麻木，就应该唤醒正在麻木的良知，哪怕是一点点微弱的声音，我也要呐喊。

合水惊见“文物垃圾”

甘肃省合水县、正宁县是我往甘肃庆阳地区采访的必经之路，2003 年的一天，我前往庆阳采访。想是老天留客吧，车进合水县境内之后，便风雨大作。为躲雨，我走进了合水县文化馆。就是在这里我发现这般怪事：2000 多件国家级、省级重点保护文物像垃圾一样被堆放在展厅的角落里、阴暗杂乱的简易棚内，更有甚者，被遗弃在大院的屋檐下、阴暗的角落里；这些文物没有被很好地保护暂且不论，不曾想到，在博物馆内被人为破坏的痕迹竟随处可见。

走进博物馆大院内，就会看见右侧的一铁栅栏内，屹立着北宋时期文学家、政治家欧阳修撰文的，一块高约 4 米的石碑，石碑上碑文字迹模糊、拓片脱落；碑文的两侧则是一对金代的石狮，石狮虽然面目狰狞，但对于它眼前的垃圾、纸屑和铁栅栏却是无可奈何。

抬眼望栅栏的右侧，则更为触目惊心：宋金时期的石鼓、翁仲、石马、石龟、碑碣、塔檐、塔柱，在屋檐下与一个遗弃的旧柜子堆积一起，破碎的塔砖丢了一地，翁仲、石龟、碑碣被人涂画、摩擦、毁坏的痕迹比比皆是。

知道内情的工作人员告诉我，不仅这些北魏、宋、金、明代的文物在屋檐下堆积着，在他们博物馆的一间展厅内、一间简易棚中，还堆放着各个时期的文物2000多件，堆放文物高达1.5米。这些看起来不起眼的破旧文物中，有国家一级文物、二级文物和三级文物，它们都有着很高的欣赏价值和研究价值；而由于常年堆积在外，这些文物没有得到修复，也没有发挥它们应有的价值。

经过几次协调，在我承诺不拍照的前提下，当时的县博物馆杨书记同意我“参观”他们的“宝贝”。在博物馆展厅内，有关人员给我介绍：展厅的文物虽然没有得到修复，但已经放进室内好几年了，因此人为的破坏并不严重。但是我看见几座石像、石刻的后面堆放着上百件各个时期的、已经被破坏或还没有被破坏的文物，它们或是斜放，或是靠墙，或是一层一层堆积在角落。

展厅后面紧挨着的是一间由石棉瓦、砖块搭的简易棚，一扇涂着油漆的薄铁门，一把挂在它上面的大铁锁都快生锈了，推开门首先是一股霉味扑鼻而来，接着映入眼帘的就是一堆堆放着的1.5米高的石像、石刻、碑碣、石兽，在这些文物的上面还堆放着一些杂物。工作人员告诉我，这些文物在院内已经堆放了8年，院内空地的文物则堆放10年了。

为此，博物馆工作人员痛心地说：“国家一级文物《哀禅碑》，刻有‘大金大定四年，尚书省礼部批准修建清凉禅院’的文牒和官印，搬回博物馆时字迹清晰，放到大院内后，任凭风吹雨打，有的人把污水泼在上面，有的人在上面写写画画，致使许多字迹已模糊；一些被鉴定为国家三级文物的明代镂雕、突雕石门框放在院内时，被一些小孩爬上去敲打、摩擦破坏，连石雕上的莲花都被打坏了。特别是大门口栅栏内的国家一级文物《唐朝圣列之碑》，上面还有欧阳修撰写的文章，也是到博物馆后被破坏的。”

这些珍贵的文物，为什么不是在古老的遗址和展示厅内展示，而是被遗弃在博物馆的大院内呢？博物馆领导的解释和答复，充满着遗憾和无奈。

合水县文物的挖掘是从挖掘黄河古象化石开始的，多年来，盗墓者疯狂地盗掘古墓，使许多文物遭遇劫难，能搬走的被盗贼搬走了，不能搬走的被盗贼炸毁。

太白镇附近的明代孟元帅墓被有关部门发现时，已经遭盗墓贼挖掘多次；有关人员赶到现场时，只看见几件破烂不堪的朝服，棺木板也被挖破，有几块被乱丢在野地，整个古墓被严重破坏。

特别是2002年5月，省级保护文物燕儿湾“石雕造像塔”竟被炸毁一截；据了解，就是盗贼因为搬不走塔身才出此“下策”。之后，有关部门的工作人员把塔身、塔檐、塔砖搬回县博物馆。

该馆负责人介绍，由于古墓频遭破坏，文物频遭洗劫，经有关部门同意，1988—1992年间，他们先后多次从太白镇、子午岭山区一带的古迹、遗址将一些有欣赏价值、研究价值的文物搬回博物馆。

据了解，合水县以前没有博物馆。1988年，鉴于盗贼疯狂破坏文物，有关部门便组织有关人员将从子午岭、秦直道古代遗址搬回的北魏、北宋时期石像84座放在图书馆（现在博物馆的院子）。1989年，由于外国朋友要来参观这批文物，于是，这第一批文物被搬进室内。

之后，县有关部门又组织人员从子午岭山区搬回宋金时期石像32座、碑碣45幢、石刻35件。面对这些宝贝，工作人员的脸上闪烁着喜悦；但是搬回来后，残酷的现实又不得不让人忧心忡忡：博物馆没有专业的文物管理人员，也没有房子，怎么保护文物？1990年，在借用的图书馆的房子里成立了合水县博物馆。

1992年，县博物馆组织人员再次从子午岭山区、秦直道遗址以及太白镇等地搬回一批宋金时期的文物。到如今，县博物馆已经收藏各种文物2900多件。

尽管成立了博物馆，但局面并没有改变。

从1989年开始，堆放在院内的文物越来越多，有公安部门追缴回的，也有正常挖掘的，有从遗址搬回的，还有群众捐献的。但是，文物的破坏并没有减少。

该馆有关负责人说，博物馆建馆是借用图书馆的房子，虽然也曾计划征地建馆，但最终没有建成。由于收藏的文物太多，而博物馆太小，大量的文物被堆放在博物馆院内的露天空地上。加上这栋楼是家属楼，人员复杂不好管理，因此，常有一些儿童在这些文物上玩耍、涂画，也有一些家属不自觉地在文物上倒垃圾、污水，时间长了，随着环境的污染，文物的腐化度加大，加之人为的破坏，文物的破坏程度逐渐增加。

1998年，合水县有关部门拨给了7000元钱，博物馆便修建了一间约40平方米的简易棚，然后就将许多文物堆放进去。该馆一位馆长说：“这些文物从山里搬来时保存得还不错，可是在博物馆里露天存放8年后，加上没有及时修复，文物已经被破坏严重了。现在虽然已经有计划，并且有一段时间打算修建博物馆，却没有资金。”

“我们也曾考虑到文物的保护，但是没有资金，只有望文物叹息。如果还不修复和保护，这些文物将变成一堆废石块，甚至垃圾。”这位馆长不止一次地叹息。

正宁亦见“文物垃圾”

珍贵文物被盗很常见，但是珍贵文物被遗弃，就怪了；被一般人家遗弃也无可奈何，倘若是被遗弃在专门修复、保护文物的部门，就成了一种悲哀。很不巧，2003年9月15日我在正宁县博物馆采访时，又见到了一堆珍贵的文物被遗弃在角落。

据该馆当时的郭馆长介绍，被遗弃在角落的文物有省级重点保护文物，唐朝开元年间始建、宋大中祥符二年（1009年）复建的承天观碑、太牢、明代铁钟、元代的墓志铭，以及明清的几幢碑碣。他说，由于野外没有保护条件，所以1987年就将这些文物搬到博物馆。而博物馆也没有资金，就把这些文物搁在这里。

我却看见，就在文物被遗弃的院子的对面，有一栋楼房就要落成。可惜，该馆长说这不是保护文物的展厅。文物被破坏，在中国而言，可谓屡见不鲜：之前是“砸烂旧世界，打倒臭老九”，现在是名曰保护，实则破坏，更有甚者掘人祖坟且乐此不疲。

将军陵屡遭劫难

2002年8月17日，在白银市乡亲的带领下，穿过群众的打扬场，在一片果林边，我看到汉墓群，两块石碑碑文明确写明，这墓群是省、市级文物重点保护区。但是石碑后的荒土堆依然有人为挖掘的痕迹，和挖掘后四处散落的破碎的汉瓦、墓砖，墓群中间还有喂养猪的痕迹。

在与汉墓群相距十余米处的一块耕地边上的小村里，我意外地发现了一个盗贼挖掘古墓后遗留下的洞口。

陪同采访的齐老师指着古墓群周围耕地痛心地说，这一片都是墓地。曾经被人挖掘的汉古墓中，有侯王葬礼才有的“黄肠题凑”形式。出土的梁木呈青色，上书“北山王”，另外还有一些贡品、陪葬，但都被人偷走。其中有一副精美的尧、舜、禹神像和一个方鼎流落村中。

还有乡亲告诉我，被偷盗挖掘的古汉墓不止一处，因他对当地文化颇有考究，古代器具也认识些，故常有人拿着在墓中偷窃所得的器具、书画以及其他物品来求证。故他才能知道该地古迹、古墓被盗的一些情况。

不想，有位乡亲更是语出惊人：该地清代王进宝将军墓就被盗贼光顾了5次之多。

往王将军陵行车约20分钟，伴着血色的夕阳和清凉的风，经过一片荒地之后，便是一片绿油油的麦田，转过山头，眼前豁然开朗，王将军墓如一个孤寂山包，耸立其中。它的面前是荒凉不堪的陵园。

几百平方米的陵地，石兽、翁仲、石碑、厢房，残破的肢体、拓片四处散落，断头的龙、龟或是横倒，或是侧卧，残缺的石碑唯有“奉天诰命”的字样依稀可辨。断头、折肩的武将身上的金甲已长满苔藓，整个陵园遭到毁灭性破坏。

齐老师拾起随地可见的碎瓦片

向导齐老师指着散在地上的、东倒西歪的石象说，记得小时候，常到陵园玩耍，陵园里有牌坊两座、东西厢房，还有石羊、石马、狮、麒麟和文臣武将，陵园环境优美，气势雄伟。

而现在只有几丛野草在地上蔓长。在陵园的最后，是坐北朝南的王将军墓。依据当地乡亲的说法，这里以前还有王将军的族人守墓，自从没有守墓人后，盗墓贼就开始猖獗，墓上前后几处新土，就是贼人挖掘后又填上的。王将军墓被盗贼光顾达5次之多，最近的一次就是2001年秋天。盗贼挖开墓土，打开墓洞前的石砖，便可以直入墓内——说到此，齐老师一脸悲怆。

红山寺在劫难逃

打拉池边的红山寺始建于何年没有考据。有人称始建于北魏，也有人说建于唐朝贞观年间，莫衷一是。但红军第一、第二、第四方面军北上抗日时，会师红山寺却是事实。

在寺内，我们不难发现当年朱德司令领导红军商议作战的痕迹，当年的作战地图虽然遭到了破坏，但轮廓还是那样清晰。据了解当年历史的乡亲讲，红军在打拉池会师不久，就遭遇了敌军的围剿，激烈的阻击战方案便是在红山寺商定的。之后，红军主力顺利北上。

如今，只有一些残余遗迹见证当年了。

看守寺院的聋哑老人比比画画了半天，我才明白，寺内原有的精美塑像早已被人盗窃，当年建寺时刻有碑文的石碑，有的已成了村民的磨刀石，寺内只有一些文字依稀的拓片。经询问向导乡亲才知，红山寺内的北魏塑像、红军会师时在寺内做的打拉池地形图早已被人破坏、偷走，其他碑文也被破坏多年。

走完向导讲述的多处被偷窃的古墓、古迹后，我不由感慨，想不到有丰富文化遗产的打拉池竟在寂寂中无名、败落；想不到朗朗乾坤，竟有这么多村夫胆大妄为；也想不到，打拉池竟还有如齐老师这般固执老汉，苦苦研究、保护地方文化。

在打拉池走村串户，听着村上乡亲反映该地多处古墓被盗，要求《兰州晚报》呼吁社会各界关注，共同保护老祖宗遗留下的财富和文化资源的声音，我心里稍感欣慰，起码，还有人在关注。

（写于 2002、2003 年）

百里石窟长廊的辛酸

沿甘肃省平凉市泾川县向庆阳市而去的107国道很平坦，应该说是平凉地区最好的道路之一。每次乘车飞驰而过泾川的时候，公路沿途的洞窟，总能引起我的好奇心。凭着几年文化调查的经验，我知道，那里面有情况，有我感兴趣的东西，有我渴望的发现。但是我不知道，那究竟是什么？里面又有什么？

笔者在百里石窟调研

因此，每次经过的时候，我总是张望，隔着汽车脏兮兮的玻璃窗射出我渴望与好奇的眼光，每次与这些洞窟擦肩而过的时候，我总是鼓励自己，总有一天，我会去看看那里，去发掘我感兴趣的东西，去探寻我要寻找的痕迹。

作为一个记录者，总有好些烦心事让我忙碌；有些事情，我压根儿就不感兴趣，甚至有些恶心，但我也得安排时间和它们周旋。那些奇怪的洞窟，就成为我心里的一种牵挂。

直到2005年6月的一天，接到市民爆料说，泾川南石窟寺出现坍

塌现象，我才将与那些石窟的见面提前了，但是我怎么也没有想到会是这样的模式——拾荒者式的面对。

在泾川采访时我发现，作为丝绸之路的东道要塞，泾川虽然保存着丝绸之路的原生态，但是由于多年来没有得到社会各界的关注、相关部门的重视，没有进行抢救和修复，原生态模样已经濒临消失。

按泾川民间保护者的话说，如果泾川石窟文化是有生命的，那么它是被现在社会的冷漠蔑杀了！事实上，这一段石窟有百里之长，不仅如此，还留着千年来时代的足迹，堪称宗教“活化石”。

寻访千年古刹

驱车从泾川到南石窟寺需要半小时，与其遥遥相望的则是与其齐名的北石窟寺，它们都是北魏时期的作品，也是当时丝绸之路和佛教文化东来的见证。但从南石窟寺至千佛洞，这段百里石窟的面貌不堪入目。

西北的秋天比很多地方都冷得早，沿着泾河而上，道路崎岖，一路荒凉。马路都是农用车常跑的土石路，不仅狭窄且还弯曲。绕到石窟寺前时已经是中午，几扇大门紧闭，一桩石碑上书写着“文物保护单位”的字样，人还没有走上台阶，就听到院内几条狗狂吠，不知道这是欢迎，还是警示。

泾川县文化局的同志叫开大门，我看见了西北农户式的居家，而这里却是北魏初期的石窟名雕处——南石窟寺。

四个男人一窝狗，就是南石窟寺的守护神，两个男人的职责是给石窟寺打扫卫生，清扫每天脱落的沙子，狗的职责则是报警与守护石窟寺。他们说，每天天黑，他们都会将狗放出狗窝，在院子内耍闹，平常则是拴在狗窝。

“你看，就是这样的落沙，我们一周就要清扫 15 公斤左右，有时更多。”站在南石窟寺破旧的石窟门前，看护人员指着一堆堆细沙告诉我，近年来，由于陇东地区降雨量不断增加，南石窟寺雕像以及壁画的落沙越来越多，有时候还有塌方。

“你看，这厨房、住房哪间不破？四个人、几条狗，我们就看护了石窟这些年，石窟也是越来越破！”面对南石窟寺门前竖立的国家级保护单位的石碑，工作人员说，无论是工作人员的待遇还是石窟的保护和修复，和北石窟寺相比，南石窟寺就像是后妈养的孩子，一直受到“虐待”和歧视。

在泾川县文化局，我看到了一份向上级部门申请抢救维护南石窟寺的文件。文件称，“南石窟寺风化严重，库内浮雕、壁画多处脱落，山体危岩裂隙加剧，2004 年 10 月还有 100 公斤的石块塌落……”

据了解，尽管文件已经上报多次，但就是等不到批复和拨款修复石窟的信息。

“石窟寺被发现时曾经有过破坏，由于地方群众的呵护，才有如今的模样；没想到在文化、经济如此发达的今天，石窟寺仍任由风雨侵蚀，实在痛心呀……”一位泾川县古石窟文化呵护者叹息道。

残缺壁画

“羞涩”尴尬千佛寺

“我们曾经想过好多办法，希望有关部门关注泾川石窟文化的存在，可是总被‘没有价值、没有开发潜力’的理由拒之门外”，站在西王母石窟前，望着被水泥涂糊着的山体，一位民俗文化保护者说，“说南石窟寺没有开发潜力，难道西王母石窟也没有价值、没有开发潜力吗?”

我见过高山、大山，却从没有见过被水泥护住的山，水泥能护住山体吗？很明显，石窟寺前的阁楼有一些倾斜，似乎要倒塌，也好像被什么拉住一样，摇摇欲坠。

“仔细瞧瞧，西王母石窟的阁楼都已经倾斜了，随着山体的逐渐变化，石窟也在一步步走向毁灭。”石窟管理人员说，争取抢救修复石窟的项目已经申请多年了，2004 年才得到了一些支持，将山体做了加固，但是对于西王母石窟来说，这些投入是远远不够的。

西王母石窟又称千佛寺，石窟内除了一尊大佛外，还有神话中传说的周天罗汉、尊者、菩萨、天神以及神兽等；千佛寺外，则是一座石雕，传说就是西周穆王西巡时遇见的西王母娘娘，其虎面人身，传说是一个母系氏族部落的首领。

走进石窟，一尊弥勒佛像出现在眼前，无论人站立在佛像的哪个位置，都能感觉被佛像传神的法眼注视，或许这就是所谓的佛法无边吧。

转过佛像，经过一道石门，进到石窟内，破败便呈现在眼前，自然的腐蚀、人为的破坏一一展现。不知道是人们不知道文物的重要性，还是压根就忽视了文物，不管雕刻多么传神，壁画多么有魅力，似乎根本就不值得一提，它们只能在忽略中默默濒临毁灭。

“壁画、浮雕脱落，石窟多年来就没有得到修复，只好在‘羞涩’中袒露面容。”在昏暗的灯光下，随着管理人员的手指望去，西王母石窟的残迹尽现眼前：几座没有头像的雕像，散漫地列放在走廊边，一根木棍横架在壁上，死死地支撑着一个即将脱落的石雕像。

石窟雕像

据资料显示，尽管石窟是这般模样，每年依然有数以万计的游客前来观光。

与石窟相邻的是西王母石壁画，由于石壁画的开发利用得到了台湾同胞的支持，其保护和利用的程度就好得多了。“唐、宋、元、明、清历代王朝都修复过西王母石窟，可就是在近代没有得到有关部门的支持，所以才有如今的破旧、毁灭。”管理人员说。

千般创伤罗汉洞

“罗汉洞石窟是长廊中最有价值的石窟之一，其墙壁上残存的壁画浮雕，生活场景、人物形态都很鲜活，但遭到的破坏也是最惨重的。”管理人员告诉我。我发现，

洞口肃立的高约6米的大佛，经风吹日晒，泥表已经脱落。而距洞西10多米远的16罗汉洞里，罗汉早已不见影踪，只留有16个佛龛。

“石窟长廊还包括312国道上的千佛寺，那里原来也有上百个石窟及佛像，20世纪60年代兴修水利时被破坏，2000年修建312国道凤嵋段时，残存的石窟再次遭毁。”泾川县民俗文化研究者杜玉民说。目前，这里仅剩不到10个窟龛。

在罗长公路（从罗汉洞到长庆桥）路边的石崖上，露天的石佛雕像抬手就可够着，由于长期风化，雕像已开始剥落酥化；更有许多石窟处在泾河河滩边缘，已经被沙石淤泥填塞；还有数十个石窟由于20世纪60年代修堤坝而被掩埋在堤坝下。

罗汉洞的特点在于壁画，壁画中不仅有北魏初期鲜卑人泥塑、石刻的风格，粗犷的气势，更有现代欧洲人的影子，还有北魏之后唐代的浓妆艳抹、华服丽装以及端庄风格，宋代的俗媚粉脂、人物演绎，明清的维护痕迹和各界名流的题词。

细细观察壁画，不仅可以看出各个时代的人文情怀，也能从侧面了解古代人们的生活以及对于善良与美好的渴望。

从起居石窟到诵经石窟，从排水系统到除污设备，罗汉洞无不细致周全；石窟不仅是佛家记录文化变迁、刻画时代足迹的一记出处，也是他们生活的地方。

杜玉民告诉我，没有管理机构和管理人员，缺乏专家学者的发掘与研究，许多石窟的构造、佛像、壁画都没有得到权威鉴定。而正是因为没有所谓的名家鉴定，这几千年前的古迹，历代王朝的足迹，佛家文化的变迁史，这些年来就留在这被人遗忘的角落，任风雨侵蚀，人为破坏。

我想，如果再让冷漠与麻木包围，它们将永远与世隔绝，在默默中消亡，就如同从来没有被发掘一般，在风雨中、在世人的愚昧和麻木中消逝。

丝绸之路上的“活化石”

“泾川石窟文化被忽略，不仅仅表现在南石窟寺、西王母石窟，整个百里石窟长廊都是这样的遭遇。”杜玉民说，尽管百里石窟长廊保持着丝绸之路的原生态，但所遭遇的还是冷漠。

从西王母石窟寺，至泾明乡东北郭盖村太山寺石窟寺，在泾河两岸百里石崖间，保存着窟龛512个，虽然彼此之间远近不一，却是浑然一体。

依据石窟长廊研究人员的说法，百里石窟仅次于敦煌石窟，其佛像雕塑比敦煌石窟还要多，石窟保存之完好，也是前所未见，其风格与文化也别具一格。

徒步考察石窟，不仅是我梦寐以求的愿望，也是我调查的兴奋点。从山脚到山顶，山顶到山腰，走进石窟才发现，原来，远远望见的石窟，不仅洞里乾坤大，而且内容复杂，大洞套小洞，长窟串窄窟，窟连窟，洞串洞；有的石窟从山顶一个小窟窿眼钻进去，便到了山腰的大石窟；有的石窟绵延数十米，有的贯穿整个山体；有起居石窟、储蓄石窟、诵经石窟、炊饮石窟、活动石窟，还有佛雕石窟；雕像也各异，有大的佛雕，小的玲珑雕像，坐佛、立佛，千佛鼎立，不仅工艺精湛，而且动作传神，堪称“活化石”。

石窟寺石雕

杜玉民说，这些石窟都与历代封建王朝禁佛运动有关系。汉、唐时期，西安都是故都，即是经济文化的交流中心，也是宗教云集的圣地；而泾川作为丝绸之路的重镇、必经之地，成为进出都城的歇脚地。每当都城发生禁佛运动时，云集于泾川的往来僧侣便会躲进这些石窟避难。

石窟建设，大多选择在丹霞地貌的山上，工匠们从半山腰掘进一个人可以活动的方形石窟，掘进数十米之后，再将石窟扩大。工匠们先行描绘石窟顶部的图案，如飞天图、腾云驾雾图、朝圣场景等画面；顶部绘成之后，再依照顶部的圆形往下掘进，一边掘进，一边雕刻佛像，由头部至脚底，菩萨、侍者一一整体雕刻。

石窟雕刻成之后，再开石窟大门，之前掘进的方形窟口为通风口，一来保持石窟图画不受潮，颜色不变，二来保持石窟雕像通风，不因干旱而褪

色。因此没有被破坏的石窟，均保存完好。

北魏以前的作品，佛雕像额部宽阔，鼻子高挺而长扬，有明显的欧洲人种的影子；唐代作品，雕像天庭饱满，圆脸厚唇，图画色彩鲜艳；宋代没有雕像，但有壁画，不过没有什么固定的风格，什么传奇故事都可以成为壁画主体，媚俗是一个格调；明清时期以壁画修饰为主；而近代却尽是破坏的痕迹：刀痕、铲痕，残肢断臂……一个个时代的足迹，文化生活的背景折射着时代的影子与变迁，而功过自有后来者评说。

尽管石窟有这样的“忍耐”能力，但是人为的力量不得不叫人“佩服”，我发现有的雕像被锄头锄坏，有的被刀砍、划坏，还有的被人用铲子一点一点地铲除。

我一个半路出家的文人虽不懂欣赏，但心里也是沉甸甸的，不知道怎么表述自己的感受，不知道怎么描述自己看到的一切，只希望将这些填埋于心里的难受倒出，以让这些破碎的“文明”得到关注。

［采访手札］

行走在百里石窟长廊的一周里，看着、触摸着石窟千年来的痕迹与变迁，我相信了石窟长廊有生命的说法，更相信了它们正在苟延残喘、挣扎着生存的生命体征。也因此，我仿佛看见了石窟长廊行将走到生命的尽头。

正如有关部门所说的，保护长廊需要资金，而地方部门最缺的就是资金，也许因为如此，百里石窟长廊落魄、破败、落寞。正如当下社会的现状，追逐物质，不仅成为第一目标，也成为文明沦丧的一个风向标。

（写于 2005 年）

悲情打拉池

千百年前，这里曾是烽火连天的战场：秦将蒙恬在此力拒匈奴，开荒屯军；唐朝大将尉迟恭在此建城筑寺，守疆拒敌。昔日的繁华，自然不是从宋代杨家将镇关说起。毛主席曾说过，打拉池是个好地方，我们又怎么能猜疑小村庄的历史呢？

可是数十年后的今天，看着荒芜的、地表如同老人脸般沧桑的打拉池，又有什么可以证实它曾经的繁华呢？打拉池不语，它的泪早已被风干了……

车泊打拉池

车泊打拉池纯属偶然。沿着甘肃省白银市平川区往北而行 15 千米处，忽见一山连绵逶迤，气势磅礴，山上虽是寸草不长，但气势煞是惊人。

问长者，曰：屈吴山也。

驱车而去，远望山川景象，乍一看，打拉池一马平川，绿草如茵；而稍近看，并非如此，地势忽高忽低，或是呈梯形，或是地面忽现巨裂，或是下陷大坑。一道又一道长长的裂口和塌陷大坑，有的长达几十米，有的宽四五米，大的下塌几十平方米。近处，仅见几小块苞谷地还有些绿色，稍远处，便杂草丛生，偶有羊群在内悠然自在地游走着。一放牧的老者说，车行至而忽裂巨口，车陷入其内者颇多。日前放牧，忽失羊羔，后在新裂的坑中找到。

问其何故，老者久久沉默不语，遥指不远处的煤窑，摇头、叹气、垂泪。

燃一锅草烟，扯一把野草，席地而坐，老者方缓缓诉来：打拉池原本一马平川，川地绿草茂盛，远处山中大树参天。此胶泥坝一带原为荒地，虽不能农用，却绿草如茵，牛羊入内数日不返，是一块天然牧场。40 余年前，村人以篓背沙土，压地开垦而耕种，数十年来，村人均以此地为生，亩产小麦350 余公斤。夏日有风绿波连山，秋时收割笑语连天。言至此，老者神色颇为向往，眼睛内呈现喜悦。

打拉池有南北两泉，峡中河川东去，滔滔不绝，其水质甘甜、清澈。屈吴山灌木成林、古木参天、鸟兽成群。时下的荒芜情景是近 30 年来才有的变化。听老者解说打拉池，心疑听差又疑眼花，实在是老者所言与眼下差距颇大。

老者又语：勿疑。此还是红军会师之地呢，当年毛主席都说了，打拉池是个好地方。

红军“空城计”

依据老人的回忆和史书的记载，红军会师于此确有此事。

1934 年 10 月，中国工农红军北上抗日，历经二万五千里长征。红一方面军先期到达陕北。为了巩固陕甘宁革命根据地，顺利与红二、红四方面军会师，中央红一方面军分左右两路在六盘山、静宁、打拉池、青江驿、界石铺等地迎接红二、红四方面军。1936 年 9 月，徐海东、程子华率部进驻打拉池，储备粮食、衣服等，准备会师。10 月 23 日，朱德、张国焘、徐向前率红四方面军到达打拉池，司令部就设在打拉池红山寺石窟，并在红山寺召开重要会议，接见当地群众代表、农会主席。

同年 10 月 30 日，红军休整后撤离打拉池，留下一个排的兵力在红咀阻击国民党部队。红军大部队撤离打拉池后，国民党部队逐渐前迫。从 11 月 1 日到 3 日，红军战士与国民党部队展开激战，之后，国民党部队便在周围山上形成包围圈。面对黑压压的国民党部队，红军战士无畏不惧，发动群众搞社火，家家户户高挂大红灯笼，晚上在村上点起几堆篝火，做出庆功的样子，整个村庄形如昼日，战士们和乡亲们欢歌半夜后，才悄然撤离。第五日上午，国民党士兵仍不敢接近打拉池；中午时，有几个特务侦察过后才知，村里早已没有了红军。

据当地老人说，红咀树木成林，几十个红军在红咀占住制高点后，东一枪，西一枪，加上农会组织人力协助狙击，国民党部队以为红军主力还在打拉池，于是集结大部队包围了打拉池。第四日下午，暮色刚刚降临，打拉池就张灯结彩一派庆功模样，燃篝火、闹社火，村民和战士载歌载舞，到午夜11 时左右，红军轻装上了屈吴山，追赶大部队。老人说，此事在打拉池一带流传成了佳话，红山寺也因此而更加有名；但是说起打拉池的沧桑经历，“那就多喽！”老人说。

打拉池怀古

“城前风雪戈刃寒，将军铁骑越山关；聆听渔樵停晚唱，楼前鼓瑟映山川。”很难相信，这小村庄还有这么多往事。

老人说，打拉池有些像老人的脸，只有在年少时，才有生动充沛的气息。经历了多少年风雨“洗劫”，多少年世事变幻，地面裂开一条条缝隙，满怀的哀伤袒露无疑，打拉池看上去更苍老了，有世故的眼光，有岁月的沧桑。而打拉池旁边的屈吴山，从来不理会岩石一身的创伤。尽管昔日曾经草茂林深，虫鸟争鸣，尽管昔日曾经山泉清澈，花木争春；但它从不炫耀，只是用深沉的目光，仰望着由蔚蓝变得灰白的天空，任几块崛起的巨石或独峰在风中叹息。

据老人说，河里有水时，平川的草也是绿而茂盛的，人们任牛羊在其中嬉耍，当然，其中也有许多情侣的浪漫。青青的绿草肥了牛羊，壮了征战的马匹，就像当年宋将李宪的战马，随李宪大败西夏，英雄的故事一直流传至今。当时的断戈残戟、残骨遗骸想必是满山遍野，流淌的血想必也染红了奔流的水；但是英雄的故事，肯定不会记载企盼战士归乡的母亲的泪、妻子望穿秋水的目光，只有任风雨、日月侵蚀的一具具白森森的骸骨，遗留在古战场刀戈的绿锈才是见证。

也不知是从什么时候开始，河里的鱼少了，水也浅了。渔夫渐渐变成了农夫、牧人和商人。商人出现在一个盛夏的清晨，一个汉人在这里收购芨芨草，之后，纯朴的人们开始变得爱钱了，爱钱的手便伸向了绿色的平川；后来爱钱的手又伸到平川的底下，用力地挖掘着，掏着一块又一块的煤层。

之后，平川就开始报复人们：平地张开巨口，裂开长缝，呈梯形，地表千疮百孔，庄稼种而不收；几丛杂草在烈日下叹息，流水在深夜里幸灾乐祸地发笑；屈吴山则用世故的眼光默默地看着这一切的变迁，随风发出幽深而长长的叹息。

史书有载："屈吴一脉、秦汉烽址。"由此可见打拉池的历史悠久。

血色残阳，淡淡余晖普照在古堡遗址上，当年尉迟敬德便是在此建城、守关，用芨芨草打绳而名传中原。只是敬德公怎么也不会想到，当年如此繁华的古城，竟会变得这般荒芜。久经风霜的残缺的古堡城墙，用伟岸的身躯呵护着千百年来的芸芸众生；但是有愚昧的人，却将贪婪的手伸向城墙。既然城墙都难逃劫难，那么红咀开元寺石窟也就免不了同样的命运。寺边的龟山仰起头探望，似是为开元寺仅遗留的一些古老的拓片、唐时的铁钟守候。

守寺的聋哑老人只会用眼看，用心记，用手比画。从他伤悲的眼神、无奈的手势中可以体会到当年的劫难：一个月黑风高的夜晚，几个行为诡秘的贼人，用铁钻或大锤，把刻在寺内的塑像、古碑文及其他有价之物，一一窃去。老人只有用饱含泪水的双眼默默地看着、看着。

［采访手札］

"愁风暮雨意正犹，寻踪访古平添愁；诸君若知身后事，功名利禄任去留。"

带上空空的行囊、迈着匆匆的脚步，携着打拉池的怨叹，走吧，尽管带不走打拉池的幽怨。心中期望匆匆的停留，如同打拉池的繁华，来去不惊。

（写于 2003 年）

龙标遗怨

杨花落尽子规啼，
闻道龙标过五溪。
我寄愁心与明月，
随风直到夜郎西。
——唐·李白《闻王昌龄左迁龙标遥有此寄》

龙标芙蓉楼

李太白想必也不知道，这首赠友的思念之作，会因为王龙标（王昌龄）的留任，在龙标（今湖南黔阳）家喻户晓，在荆楚之地传诵千年。公元748年春，王昌龄被贬来龙标做县尉时，想必也想不到，龙标会因为他而流芳于世。应该说，这首诗不仅传承了李太白的情谊，也见证了王昌龄的人品、官品与风骨。五溪之外，夜郎之西，也许正是这远离繁华与喧嚣的荒夷之地，王公的品格与风骨才让后来者更为敬仰。其中芙蓉楼尤为甚者。

据地方志记载：芙蓉楼坐落于龙标沅水、舞水汇流之处，为古典园林建筑群，占地4250平方米。北廓临江，依林踞阜；楼宇一色，青瓦屋面，屋顶泥塑多姿多彩，筑叠巧思，错落有致。虽无皇家园林气势、苏州园林精致，却也飞檐卷垛，储蓄淡雅，清秀宜人，地方风味浓郁，有“楚南上游第一胜迹”之美誉，是历代文人墨客吟诗作画之处。

但1000多年前的龙标，还是没有开化的野蛮之地，就连“唯楚有才”的名句，也没有如今的传诵与演绎。如果说，当时“地未开垦，智未启迪，人未开教化，书不成行”有些武断，但这里的确是少数民族杂居之地，溪深涧险，是“非人迹所履”、生活条件艰苦的不毛之地。尽管这里远古之时便有了人类足迹，尽管春秋时期便有了城寨乡野，但是与繁华的岭南重镇、江宁水乡相比，偏远荒凉的龙标，对于王昌龄乃至当时的政局而言，显得凄苦无比。

也只有沿长江逆水而上，过洞庭，入沅江，过辰溪、酉溪、巫溪、武溪、沅溪“五溪”之后，才能沿着三湘流水，踏着溪流与草茎，找到世人少知的龙标这么一个地方：北通荆楚，南通武陵；一江流水，浩浩荡荡；一方水地，浩气凌云。

也就是因为王昌龄的到来，龙标显得分外耀眼，“一片冰心在玉壶”的佳句，更让夜郎自大的传说自愧不如；同时，为“三湘四水”与“唯楚有才”时代的到来创造了契机，为黔阳义学宫、龙标书院的建立播下了种子，燃起了希望。且不论，王公就任7年，为龙标父老做了多少善事，有多少功绩；也不说，王公为地方乡亲修缮了多少桥路，行了多少救死扶伤的善举；更不说，他为如今龙标的繁华奠定了多少基础。单说那庙堂内留下的笔墨，历代文人墨客观瞻、缅怀以及追思王公所遗留的墨宝、足迹，就使龙标这块土地上的文化积淀平白厚重了不少。

庭院深深，阁楼屹立，王公怎么也不会想到，这一庭院，竟然承载了数百年来这许多的缅怀与追思：多少后来者或高朋满座，把盏畅饮，谈古论今，遥想当年，风华得意；或三二知己，推心置腹，吟诗作赋，抨击时弊；或凭栏远眺，追思怀古，多少佳句与警世名言，在其中激发，且传诵千年。

从贬至岭南，到贬至江宁，最后到龙标尉，一路的艰辛不言而喻，一路的酸楚尽管有玉壶与诗唱，却也是一言难尽。但承载的文明，足以慰藉县尉7年的寂寥，安抚似乎存在的神灵。

寒雨连江夜入吴，
平明送客楚山孤。
洛阳亲友如相问，
一片冰心在玉壶。
——唐·王昌龄《芙蓉楼送辛渐》

千年诗话，已经不堪回首，千年古镇亦如此。

1999年，一个春暖花开的日子里。走过当街的王公塑像，摸索着前辈文人的风骨，沿着古色古香的街道，踏着一块接着一块的青石板，拐过一条又一条的巷道，我朝着芙蓉楼而去，那是传说中王昌龄为民谋求福祉的地方，也是历代文人墨客吟诗作赋之处。迎风而行，柚子花瓣一路飘落，香气四溢，仿佛为龙标的变迁与繁华表达着喜悦。

王公凝固的身影站在十字路口冷眼观看着忙碌的世人，看着街道变宽、车流拥挤，人丁兴旺、五谷丰登时，应感叹世界变化真快，车马变更如斯；同时，也应痴笑千百年来人们一如既往地、执着地追求着幸福与快乐；叹息人们在世俗面前，为了五斗米低头弯腰，叹息文人墨客风骨殆尽。

倾听着悄然的叹息与滔滔澧水的吟唱，龙标的千年沧桑在眼前呈现：先人们遗留的点滴尘埃，赫然刻画在芙蓉楼园林山门上；遗留的壁画不仅呈现着经历的千年风雨，更书写着历代的呵护与足迹，虽然残缺不堪，痕迹却是如此清晰，历历在目。

芙蓉楼根雕

走进庭院内，只见小楼屹立，楼内有工人正在雕琢一座未完工的根雕。周围有冰心玉壶亭、耸翠楼、半月亭等建筑，与自然的山石、江水、林木巧成布局，构成了“登眺则群山拱翠，俯视则万木交阴，沅水自北来环其下”的壮丽景象。院内修竹绵绵，小径通幽。园南，碑廊横列，颜真卿、米芾、黄庭坚、岳飞、赵孟頫等历史名人题留的警示名言、怀古佳句，已经被刻上了青石碑，一块又一块地陈列在其中，足有八十余平方米。

几间庭院林阴错落，数只飞鸟时而飞跃、时而鸣唱其中，四周竹木相错，绿荫如盖，碧草生芳，环境十分清幽。昔日诗话与传说，在庭院、在幽径、在碑林映射。主楼楹联格外瞩目：“楼上题诗，石壁尚留名士迹；江头送客，冰壶如见故人心”，雅韵犹存。楼后是水池，亦名“芙蓉池”，中蹲怪石，柑橘、石榴并植岩上。相传有“芙蓉仙子月夜吟诗弄风箫”的美丽传说。池后为“半月亭”，左五十步则为“耸翠楼”、“三角亭”，右数步高阜间的梧桐绿荫下，“玉壶亭”掩映其间。道光二十一年（1841 年），辛丑状元、江西布政使龙启瑞合篆“一片冰心在玉壶”的壶形镌石，仍竖亭间。三三两两的游人，或是欣赏题文，缅怀古今，凭栏望江，凝听江流风声；或是观赏景色，沉浸在千年积淀的尘埃与千年奔袭的江流中。

遥望赤峰塔、钟楼遗迹，唐代的繁华，宋朝的浓画，明清的痕迹，现代的修缮，一一在庭院林立的碑文与题记上铭记，唐歌宋胭的痕迹在幽径缠绕。王龙标的遗愿与期盼，被江流席卷而去，但龙标人对自由与幸福的向往与追求，却一直存在。或许还有未尽的蛮横，也许还有几许愚从，但龙标一直在影响着沅水、澧水流域的政治、经济、文化。

不论从龙标到黔阳，从黔阳到怀化、到洪江的变迁，还是唐王朝到现代的文化传承，芙蓉楼与王龙标对于地域的影响，一直隐约可见。龙标的繁华与鼎盛，也在预想中日渐实现。可是让人惊异的是，龙标的文明与文化却在繁华与鼎盛中，显得落寞与寂寥。

车泊龙标又寻幽，
柚花香满芙蓉楼；
旧日良朋何处去？
忍看骚人题风流。
频烦孤帆寄絮语；
千年江流人依旧；

玉壶久封不曾饮，

罢盏临江望孤舟。

不堪的离情，已找不到记忆，不堪的旧里，亦找不到踪迹。

2008 年，也是一个风和日丽的日子。我怀着内心的敬仰，带着虔诚的心灵，领着后辈小儿，踏着宽阔的马路，穿过林立的楼群，再次谒拜先人神灵，领略先人风骨，教诲后辈敬畏。

也不知道是何时，王公当街拷问世人的塑像被悄然迁移。也不知道是担心王公风餐露宿的艰辛，还是担心无处不在的神灵察觉什么，屹立在街心的王公就这么黯然消失了。就如同王公当年回归江宁一样的遭遇，一切都在淡然中灰飞烟灭。再也没有人会问起，这里曾经有一座屹立着的，或是审视或是观望着的王龙标。

失落并不是因为王公塑像的迁移，而是因为缺位的敬畏与信仰。望着高昂的楼林，望着逐渐变宽的马路、呼啸的车流与拥挤的人群，沿江探寻芙蓉楼的路上，内心竟是如此的寂寞与哀伤：仿佛走进了荒漠与戈壁，但见风吼与飞沙，不见来者，不见同行。

沿江的道路变得很开阔，沿江的堤坝也变得很伟岸，江流滔滔，想必千百年前的王昌龄也没有这样的功绩，史记中也没有这样的刻画，只是当年帆船林立的场景已不复存在。看着这样的伟岸功绩，谒拜的心情更加迫切。携儿健步而去，只怕与王公和芙蓉楼相聚期盼得太久。

越是近前，情越怯，想是牵挂太多。我急步而去。

可跳入眼帘的芙蓉楼，却让我很诧异：伟岸的河堤，到芙蓉楼附近戛然而止，小径荒废，杂草丛生，沿江汹涌的江流逐渐逼近江岸，山门紧闭，门前壁画残落，新添笔墨痕迹显然。环园寻觅，才在一农户家门后侧找到了入园口。

一名售票员，一名检票员，芙蓉楼庭院变成了钱袋。庭院依旧，只是稍显败破；幽径绵延，串联孤庭与古碑；庭院寂寥，显得分外落寞；中央小楼屹立，却再无以往风采。凭栏望江而赋的佳话成了典故，骚人墨客吟诗填词的雅兴，不复呈现。

据传，自王昌龄建芙蓉楼为饮酒赋诗、宴宾送客之地后，芙蓉楼一直就是文人墨客流连缅怀之地，历代均有修复、建筑、扩张。被战乱破坏后，清嘉庆二十年（1815 年），当地为纪念这位著名诗人，在城西香炉岩辟地作园，依名修建芙蓉楼。道光十九年（1839 年）再次重修。只可惜，如今又是一片荒废地了。

据了解，新中国成立后，芙蓉楼也曾经有过复修、维修，只是少有人们赞誉，少有人流连缅怀，“楚南上游第一胜迹”之美誉，成了明日黄花。

屹立庭院内，突然感觉眼前骤变：连江的夜雨倾盆而下，横江狂澜，呼啸着扑面而来。庭院小楼、幽径、庭院与诗题，碑文与尘埃，尽数消失。王公的玉壶与冰心，李白的愁心与明月，随着突来的江流，瞬间消逝。孤立庭院内，恰如身处荒漠，身心凄苦无比。

回望伟岸江堤，环顾林立大厦，芙蓉楼庭院异常显眼。遥慰洛阳亲友的冰心，也显得分外不同，只是冰心与愁心，再没有人牵挂与惦念了；诗题与碑文依旧，只是再也不见当今文人的风骨与韵格。只听得见，江流与王公的叹息，在澧水之畔、沅水之交环绕交融。遥遥相望的赤峰塔，高傲地屹立在孤峰之巅，冷眼观看着龙标与芙蓉楼的喧嚣与落寞，发出一声轻笑。

（写于 2008 年）

谁“毁”了西安古城墙？

2006 年 7 月 25 日，西安明代古城墙在修缮过程中部分出现坍塌，不仅引起媒体的高度关注，也引起社会各界与有关专家的关注，因为坍塌的土层中不乏垃圾土层、纸屑，乃至残碎砖块；同时，也让人们对古建筑的修缮工程产生质疑，对古建筑的保护与开发提出质疑。

西安曾去过数次，每次均是匆匆而去，又匆匆而回，或是为生活琐事，或是为亲情盼顾，因此，总将西安的古城映象忽略。

我怎么也没有想到，与西安再见面的方式会是这样，怎么也没有想到，和它的亲密接触竟是如此场景。

烈日暴晒，城墙如昔辉煌，却如此冷漠。一堵坍塌的城墙，一堆垃圾土层便揭开了西安古城的面纱，任人亲昵地与之接触。不一会，便是雷雨交加，一道道闪电下，古城显得压抑、苍老，虚张的外表再也无法掩饰它的颓废；看似喧闹的繁华，再也无法掩盖它内在的孤寂。

600 多年前的繁华已无法追寻，李白放歌而来的豪放，杜甫悠远的长吟，白居易“愤青”的愤慨，我亦无处可觅。唯见这一座古今混合的城墙，一个奇异的景观，一个貌似昔日、神近今朝的怪胎。

一座现代文明的城墙，建成数百年前的模样，不知道是讽刺封建王朝的奢华，还是向往那个时代的霸权，这副奇怪的模样令人尤为憎厌。一座座看似堂皇的院落，一群群看似风流的骚人，处处袒露着现代的举止，却流露出滑稽的模样。这便是西安？这便是长安？曾经的古国首善之所，曾经影响中华民族文艺复兴的地方，曾经让一个个风华绝代的佳人流连的地方，曾经让一个个意气风发的才子刻骨铭心的地方？

曾经的，毕竟不再了，如今已是不堪入目。且不论唐皇之繁奢，明宗之强悍，单看那伟岸的城墙，便足以让我等后辈叹为观止。

只可惜呀，当年能御千军的古城，如今竟不能抵挡几数愚人之手；当年能震撼塞外五胡的辉煌，竟不能让几个略知古今的宵小敬畏；当年能威慑西域十八国的唐人，竟只能在某个阴暗的角落里叹息，幽怨而悠长。

面对古长安，怆然泪下的感觉，不禁油然而生。此，便是那由西而来，曾弘扬善之道义的首善之所么？即便玄奘法师在天有知，亦会为冥顽不灵的人们叹息，纵使将小乘佛法千遍弘颂，能让他们觉悟么？纵使再经历八十一难，能让他们觉悟么？

西安古城楼

雁声阵阵，回飞他乡，佛塔默默，久经风雨，古城凄苍，无语落泪。唐宫寂寂，却锁不住一院的风华，任由世人玩弄杨妃唐皇的风情；温池涓涓，洗不尽千年来的骚动，洗不净世人心中的罪恶。

长安街头再不闻长恨之歌，阴山脚下，谁人去听那金戈厮杀，谁人去看那冲天火燎。秦朝铁骑如风，谁曾见那三十六郡的宏图？江东健儿的悲歌如昔，谁又曾吟唱半句？倒是“双十二”的变故让人刻骨铭心。

唱着长恨歌，饮着将进酒，乘杜甫孤舟，驱白居易之牛车，西出长安，追寻胡笳十八拍，怀着秦风汉器，携带唐歌宋胭，我乘兴而来，遗憾而去。

西安，古城映象，一侧虚无的映象，如梦中幻境，似水中花月，或幻或真，或残或全。

谁毁了古城墙？

7 月29 日，我来到西安南门至文昌门段曾经出现塌陷的地方察看时，这里已经被施工单位封闭，雨布掩住了裸露的城墙土层，工人在忙碌地搬砖填土。“老板说到10 月初就好了，现在这300 多米，都要换上这种仿明代青砖。”一名正在干活的工人说。

“7 月25 日坍塌的土方和媒体的报道还是有些出入。”这位工人这样讲述当日内侧城墙发生近30 米长坍塌的事实。当日，在施工过程中，被工人揭开砖块的城墙部分出现了土层坍塌。

据地方资料显示：从7 月初开始，南门至文昌门段内侧城墙进行398 米长的“城墙抢修包砌”工程，坍塌段城墙正是工程中间的一部分。在施工初期，部分城墙就出现裂缝，不断有土块塌下来；25 日，内侧城墙连带城墙顶部青砖，半面墙体全部塌陷，砖块混着黄土，混乱地堆在一起。

西安城墙景区管理委员会有关工作人员解释说，南门至文昌门段内侧日前正在进行城墙包砖修复。由于历史原因，城墙墙顶的海墁出现沉降裂缝，而城墙墙体的夯土土质不密实，非常松散，甚至部分墙体中间是空的，加上连日降雨，雨水灌进墙体，最终导致墙体坍塌。

但是陕西省文物局文物保护处工作人员说，首先说明一点，不是古城墙出现坍塌，更不是明代古城墙坍塌，坍塌部分仅是1983 年修复时填上的土层。原因是当时填的土层是垃圾土，是没有夯实的土层，因此，才会发生这样的坍塌。

另一位文物局官员则认为，这属于自然坍塌，和媒体的报道完全是两回事。在西安城墙景区管理委员会举行的新闻通气会上，有关人员解释说，媒体所报道的城墙塌方，实际上是他们有意识地、有组织地采取的自然塌陷的办法，卸掉荷载墙体，这样便于城墙的加固和维护。

但是，面对这次“坍塌事件”，人们不禁联想起2002 年陕西省榆林连续发生明代古城墙崩塌事件。对此，人们不得不问：“这一系列的坍塌事故是偶然的吗？其中有没有必然的联系？”

一位文物局官员认为，这次西安古城墙的坍塌是自然行为，其中没有任何问题。有关专家却认为，这次坍塌塌出了问题，暴露出文物修缮和开发的矛盾，暴露了古建筑修缮的工程质量问题。

百年古城墙遭遇罕见"弥难"

据有关资料记载，西安城墙是中国六大古都中保留得最完整、规模最宏大的一座古城墙。城墙包括护城河、吊桥、闸楼、箭楼、正楼、角楼、敌楼、女儿墙、垛口等一系列军事设施，也是迄今为止中国保存最完整、规模最大的古城墙，还是世界上现存规模最大的古代城垣。

西安城墙

从古城南门往北而行，我发现有的城门没有牌，有的有牌没有门，有的有字看不清，有的字体极为模糊，视觉上难辨。城墙上，长短不一的裂缝、残缺不全的墙砖随处可见，有的裂缝可以伸进一只拳头。城墙外侧的裂缝有数百条之多，以西北角楼下城墙外侧裂缝最长，从墙根一直裂到墙剁口。其中，永宁门瓮城内的裂缝最宽最明显。部分墙体出现硝碱现象，部分城墙外侧墙体已向外鼓出。

"城墙是全世界独一无二的文物，对它是不能有任何破坏和损伤的。"一位文物保护专家说，夯土层差异、孔洞、雨水下渗、地基荷载增大等，是威胁城墙安全的主要因素；其中，城墙经历多次战争后，墙体内保存有许多防空洞，即孔洞，给城墙带来较大威胁，并导致地基下沉。

西安明城墙毕竟经历600年的风雨侵蚀和人为破坏，今天的明城墙，不论城墙外侧、内侧，都损坏严重，伤痕累累！

西安市民毛先生告诉我，在古城西门的城墙上，原来还有人们居住的窑洞，不少地方还有防空洞，到近年才被填了。"现状可谓惨不忍睹。以前根本没有人管，近年来，西安旅游业兴起之后，古城墙的修复才逐渐受到重视。"

据有关专家介绍，除此之外，陕西榆林市建于明代洪武初年的古城墙也遭遇着相同的劫难。因年久失修，榆林古城墙遭遇了人为的和自然的双重严重破坏。榆林古城地势东高西低，巷道狭窄，每逢洪水暴发，巷道成河。雨水冲刷城墙内壁使墙体变薄，洪水冲刷墙体下部，造成砖墙悬空、下沉、断裂、坍塌，南城墙东段就被悬空数米。还有政府行为以及住户对城墙的人为破坏，有的人甚至把房子建在了城墙基础上；东城墙南段被挖去墙土，魁星楼附近的城墙也被民房“鲸吞”，使城墙显得摇摇欲坠。

这些经历过600年风风雨雨的墙体自建成以来，在历史上遭遇过多次破坏，其中尤以战争破坏为烈，加上风雨侵蚀，墙体毁坏情况严重；到现代，最严重的便是政府的建设行为和居民生活的侵害。

分析：修缮毁了西安古城墙？

“如果还是一方面大肆拆毁真正的古建筑物，一方面花大钱拼命搞假‘风貌工程’、‘景观工程’、遗址‘复建工程’，那么古城彻底消亡将为时不远了。”面对笔者的采访，一位老文物专家愤慨地说。

据这位专家介绍，西安古城墙曾经经历过三次大的整修，但均是毁灭性的修复。第一次是1568年明隆庆二年，陕西巡抚张祉主持修复，使西安土城第一次变成砖城；213年后，1781年清乾隆四十六年，陕西巡抚毕源主持对城墙和城楼做了第二次整修；第三次是1983年以来，陕西省和西安市人民政府对这座古城墙进行了大规模的修缮，补建已被拆毁的东门、北门箭楼、南门闸楼、吊桥，并建成环城公园，从而使这座古建筑成为西安的一大旅游景观，恢复成为一个“现代古建”的混合体。

2004年9月，西安市成立城墙景区管理委员会，对城墙景区进行统筹规划、统一建设和统一管理，进行城墙出入口改造、部分城墙裸露墙体包砌、敌楼和箭楼的修缮恢复、城墙海墁修缮维护、城墙裂缝修补等方面的工作。

“西安古城墙是目前世界上现存规模最大的古代城垣，是全世界独一无二的文物，对它是不能有任何破坏和损伤的；可是每次对它的修缮、修复，都是破坏性的。”这位专家称，前两次的修缮是冷兵器时代的军事需要，他们按加穿衣服的模式，在唐宋古城基础上，建起了明代城墙。到现代后，由于旅游经济的发展，西安古城被改变成一座怪体旅游景观。“这便是毁灭性的破坏！”这位专家愤慨地说。

“确实，从严格意义上讲，1983 年建设性、保护性的修复就是破坏！”陕西省文物局文物保护处的周处长也持同样的观点。

“只要有保护，便会有破坏，但是我们的前提不是为了破坏而破坏，是因为保护产生了不可避免的微小破坏。”一位古建筑研究专家为此申辩说，“说保护是破坏，其中有矛盾，也不矛盾，因为没有保护就没有破坏，没有保护就不能延续它（古城）的生命。”

据有关专家分析，西安城墙大部分夯土层主体为明代所建，而和平门至玉祥门之间，墙体夯土芯为唐代和明代的叠加夯土层；由于两种夯土在夯土层黏结度上存在差异，长期的地质沉降和夯土层自然塌陷，使部分墙体向外鼓出。

“应该说，西安城墙能保存至今，得益于它完整的排水系统，可是由于近年来的过度开发，排水设施已经被严重损坏。”专家说。目前，许多排水设施损坏严重：有的排水口被封，有的排水道排水不畅；而海墁上存在的不均匀沉降，也导致排水坡度起伏，极易造成积水，积水下渗使墙体出现裂缝，又导致海墁裂缝进一步增大。裂缝成为城墙的重大安全隐患！

古城墙维修：有开发便有破坏？

“我认为，社会各界对文物的开发利用和保护有着一些误解，其实这没有什么冲突，只是一个利用方式、方法和度的问题。”周处长说。他认为，文物开发和保护是相辅相成的关系，处理不好才有矛盾的出现。

西安复古建筑

经普查，目前，西安 13.75 千米长的城墙还有 1500 米左右采用红机砖包砌。2006 年 7 月初，西安市政府组织人力开始对南门至文昌门段长约 398

米的城墙展开大规模整修、加固；依据我国文物法规的要求，文物的修缮就是要修旧如旧。我在古城的采访过程中则见证了文物部门工作人员的话：“在西安古城墙，如今已经找不到原来古城的痕迹、历代王朝以及社会的变迁和信息了。”

以前的开发用于军事，因此建设了护城河、吊桥、闸楼、箭楼、正楼、角楼、敌楼、女儿墙、垛口等一系列军事设施；如今，时代需要它（古城）用于发展旅游经济，肯定也会有相应的设施，比如，厕所、商店等，虽然这会产生一些破坏，但这是社会大环境的需要，很难改变，何况现下社会还有那么严重的“长官”意识呢。

对此，文物部门工作人员认为，如果在古建筑上建设一些附加设施，损伤到古城墙，那么可以肯定地说，这也是一种破坏。

“从管理层面来说，开发是由旅游单位负责，保护是由文物单位负责。为了各自的部门利益，开发单位经常考虑的只是他们的经济效益，对文物保护的考虑少之又少，甚至不考虑文物保护问题。”对于西安古城墙，文物专家还有这样的看法。

尽管对于西安城墙的抢修，陕西省文物局提出了明确的质量和安全要求，承担维修任务的西安古建公司亦声称已“制订了周密的抢修方案、科学的保护体系”。

但依然有文物专家提出了文物保护的几个难题：一是保护技术。通常来讲，整体保护是很难做到的；但不整体保护又不行，那样，古城将失去它历史的原真性。这在技术上是两难的，尤其是无形的文化遗产的保护。二是文物执法问题和管理问题。村民在古建筑群里居住，他们要改造房屋以适应现代化的生活，这给文物管理带来了很大的压力；有的地方，旅游公司的介入对建筑造成了很大破坏，但旅游公司能给政府带来收入，文物部门的意见往往得不到采纳；有的地方甚至置文物保护法于不顾，造成了古建筑的破坏。

古城墙保护何以越护越糟糕？

“西安古城墙的维修确实经历了三次大的修整，但结果截然不同。”一位老专家回忆道，“只要细心不难发现其中的一些奥妙。”

依照这位专家的说法，第一次的修缮维持了 213 年，第二次的修缮维持了 202 年，但是到了第三次，却只维持了 23 年，就出现施工坍塌这样的状况，虽然不是坍塌，但也可以说部分城墙已经接近崩溃的边缘。

正如周处长所说，就是1983年修复城墙填埋垃圾土层造成了破坏，其中不乏纸屑、废土等，就连土层都没有夯实，更没有依照文物修复的原则修缮，给古城墙埋下了不少隐患。

有关资料上显示，近年来，榆林古城墙曾多次出现的坍塌事件，也已经让群众对古建筑修缮工程产生质疑：明代人修建的城墙能历经沧桑600多年，如今修缮的城墙为什么在短期内便会出现坍塌现象？有的人士甚至认为，从古城墙坍塌事件中，应该可以质疑建设工程中的“黑洞”、“黑幕”，应该追究相关责任人的责任。

据媒体报道，就是由于存在质量问题，陕西省文物主管部门一直没有组织验收榆林古城的修缮工程，当地群众甚至认为这是“豆腐渣工程”。

一位古建筑专家说，这其中除了一些工程因素之外，最主要的原因是原材料的问题。依照国家有关法律规定，古建筑修缮必须是原材料、原工艺、原结构，不能用仿制材料，这便是令他们头痛的难题，而不是工程技术的问题；至于工程之中有没有其他的“内幕”，他们也很难知道。

依照他的说法，由于古城墙经历多次维修，不断地加固，各种土体之间的黏结度存在不同程度的差异，使土墙体自身容易产生裂缝、沉陷，加上雨水的外力，对墙内土体的浸泡，墙内土体含水量发生变化，因此不能片面地以修缮后城墙维持的时间来判断工程质量。

但我在有关资料上看到了社会人士的呼吁：“在重大项目和有关工程实施过程中，有关党委、政府和执法机关应该倾听广大群众的意见和呼声，对类似榆林古城墙修缮工程中暴露出来的质量问题，不要轻易放过，要坚持一查到底，为国家挽回经济损失，对有关责任人予以法纪惩处。”

［链接］**西安城墙是中国历史上最著名的城垣建筑**

西安城墙始建于明洪武三年（公元1370年），距今已有600多年的历史，现位于西安市中心区，呈长方形；墙高12米，底宽18米，顶宽15米；东墙长2590.0米，西墙长2631.2米，南墙长3441.6米，北墙长3241.0米；总周长11.9千米。有城门四座：东长乐门、西安定门、南永宁门、北安远门。每个城门都由箭楼和城楼组成。是我国现存最完整的、也是世界上现存规模最大的古代城垣。

西安城墙是明朝初年在明太祖朱元璋的“高筑墙、广积粮、缓称王”政策的指导下，在唐皇城的基础上建成，完全围绕“防御”战略体系；城墙的厚度大于高度，稳固如山，墙顶可以跑车和操练。城墙包括护城河、吊桥、闸楼、箭楼、正楼、角楼、敌楼、女儿墙、垛口等一系列军事设施。

追溯历史，半坡遗址显示，早在 6000 年前，半坡人就在居住地周围挖掘深沟，以提防野兽和外部落的袭击；如果，把半坡村落视为城市的最初萌芽，深沟也就是当时相当于城墙的设施；当人们发明筑墙技术后，城墙自然伴随着城市同时诞生，成为古代城市的显著标志。据史册记载：“鲸筑城以卫君，造郭以居，此城郭之始也。”这大约是在距今 4500 年前的原始社会晚期。

西安古城老砖

西安作为千年古都，历代曾多次修筑城墙，但多数被历史的尘埃掩埋。

西安古城墙的一系列军事设施，构成严密完整的军事防御体系。游览西安古城墙，对形象具体地了解古代战争、城市建设及建筑艺术都很有意义。西安城墙从隋唐至今已有 1400 年的历史。在漫长的历史岁月里，城门发生种种变化，细数这些城门的名称来历，也可从一个侧面反映古城的沉浮变迁。

（写于 2006 年）

赤壁归来

三国周郎赤壁，铜雀台上“二乔”，千年的风云，千年的变幻，如今已是灰飞烟灭。

赤壁临风听江涛，一叶孤舟弄洞箫，百万敌酋一夕溃，孙、刘抗曹，三分天下同逐鹿，无关江东二乔，铁戈连营千百里，东风、号角；举火燎天云霄暗，鬼哭狼嚎，骑狂笑华容道，谁傲？谁骄？

静静仰卧在赤壁江岸，听江风将长江微波送来，千年前的那一场血腥和惨烈的场面在脑海悄悄升起。大火燎天，号角震地，厮杀的金戈之声，远扬于夜空。流淌的血水，染红了长江畔，溃退的兵勇，如潮水而逝。

周郎的一脸杀气，孔明的一身飘逸，黄盖的一腔赤诚，足以让后世人仰慕，叹息不已。

滚滚长江东逝水，浪花淘尽英雄。纵然曹阿瞒心怀天下，得天时之助；纵然孙仲谋得长江之险，有地利偏爱；纵然刘玄德得富庶之西川，有仁和之德，可又有谁知道，天下终归司马之手？机关遍数，道不出后辈的不肖；机关算尽，算不出时光的魔力。

正如后世之不肖。江南赤壁，千年前的那场战争原本是一场不足道的小厮杀，可到了罗贯中的笔下，却成了三国鼎立的分水岭；曹阿瞒心怀天下，仁德武功冠绝天下，却被描绘成一阴谋之徒；因为弱者无助常流涕，刘玄德竟得老罗的仁和士风。夫之笔，可谓世之大奸；夫之德，可谓世之不肖。

正如后世之不肖。赤壁悬崖，不知何人做戏，临江挥毫，于是乎，武赤壁便名垂千古，美称为周瑜尽兴之笔，留至江畔。亦不知苏东坡何来兴致，一阕赤壁怀古，便让文赤壁传颂至今。依贯中之说，百万大军屯于长江之

野，连数百里，战旗如林，谁知道赤壁之畔于何处？

仰卧于长江之滨，阿瞒的短歌又在耳边响起：“青青子衿，悠悠我心。但为君故，沉吟至今。”纳才之心，渴才之意，是憾于千年之后。叹息时光如水，叹息人才难得，虽得中原山川，但依然为江南水乡所折服。尽管野史有亡，阿瞒下江南，为“二乔”美色，听闻此说，不仅要为百万将士所不值，更要为“二乔”鸣不平。

明末，陈圆圆成为吴三桂引清兵入关的借口，而背上了千古骂名；何故要让两江南女子亦背上如此重负？是千古文人的游戏？还是搪塞悠悠之口的堂皇之词？抑或是天下奸雄曹操的借口？怕只有阿瞒才能说清了。

与《三国演义》不同，《三国志》所载，孟德公雄才大略，政治、经济并重，乃当世之枭雄。与其说是挟天子以令诸侯，何不颂其德以天下苍生为念。罗贯中何等不公，将刘玄德如此美化；单对阿瞒，或许是天妒英才罢，斩华佗、下江南均成了曹阿瞒的丑恶，殊不知其中原由。《三国志》有载，曹操只身刺董卓、定黄巾之事，无一不是其身居首功……

涛声轻轻，江风朔朔，千年的金戈铁马，厮杀声、马鸣声、号角声连天，而今来看，已是波澜不惊了。单看见，长江之畔，土木大兴；假旅游之名，大兴土地买卖之实。苦不堪言的只是江上的渔民，愧不堪言的只是隐在城中的小隐。只五日，赤壁览而尽，乘兴而来，败兴而归。

特别是看到赤壁两岸的征地以及文明被破坏，让人不禁大呼：此为文明大耻，此为敬畏之耻。

谁“征服”了赤壁？

距离赤壁市建市十周年庆典的日期越来越近了，作为庆典活动之一的赤壁景区，其扩建工程还在加紧施工。据了解，这只是景区扩建工程的一期工程，二、三期工程的完工还得延续到 2008 年 6 月；那时，人们将看到一个占地 2000 多公顷、以赤壁遗址为背景的“三国公园”，整个赤壁镇也将被这公园“侵蚀”。

这样的大变化对于赤壁镇的人们来说应该是好事，但是他们向有关部门提出了一个深层次的问题：赤壁一处遗址而已，这般大动干戈，不仅使得他们返贫，利益受到损害，也使国家土地资源流失，国家利益受损，而政府却大大受益；一个景区扩建，政府便能动用公共权力征集土地 2000 公顷，请问这土地资源究竟是归国家所有？还是归地方政府所有？

依照赤壁镇的传言，如果征集 2000 公顷土地搞景区建设，那么不仅赤壁镇的老街面临拆迁，可能整个赤壁镇都将变成景区。

笔者在采访中了解到，这 2000 公顷的征地，将由投资方投资 3.1 亿元人民币，使用期限为 50 年，主要经营旅游和与旅游相关的项目。

依照旅游部门的说法，该地的重点旅游项目就是三国古战场遗址赤壁；但是多年来，由于建设投入不多，可参观的景点只有宋代文人在赤壁题写的摩崖石刻。征集土地之后，现在已经将和摩崖石刻相邻的金鸾山、南屏山进行了连接，供人旅游。

“赤壁的确很有名，但是就摩崖石刻这么块小地方，即使无限放大又能做什么?”赤壁镇居民认为，多年来，来赤壁旅游的人，都是开车到摩崖石刻参观而已。如今，将景区毫无意义地扩张，将门票由原来的 15 元涨到 40 元，根本不能起到什么作用，说不定还会令客源减少。

对于这样的说法，景区有关人员用一组数据予以否定。在景区扩建、涨价之前，赤壁景区平均每年大约有游客 15 万人次，年收入 150 万元；扩建之后，估计游客人数能达到 18 万人次，年收入将达到 250 万元。

对于赤壁镇来说，2000 公顷土地的征用，意味着这个小镇将整体搬迁，依照有关规定，城镇的建设规划以及耕地占用，必须严格审批，这 2000 公顷的用地审批情况如何？当地群众对于拆迁以及相关补偿争议颇多，导致居民返贫、失业现象严重，政府部门将如何妥善处理？带着一堆疑问，笔者来到了赤壁市，但笔者联系了几位市领导采访，他们均以工作繁忙为由推脱，而是让旅游部门接受笔者采访。

土地资源归属：是法律问题，还是利益问题？

记者在赤壁镇采访时发现，居民反映最多的是此次征集土地的合法性和补偿问题。

以村民的话说，名胜管理局一个政府职能部门凭什么要征集他们的土地？既没有依据什么条文、法规，也没有国家政策许可。他们的房屋大多是几代人经过几十年的辛劳得来，补偿却没有任何依据，全凭借名胜管理局单方面委托的房屋评估公司的评估，给他们少得可怜的补偿就要剥夺他们的私有财产，赶他们走！乡亲们也七嘴八舌地和笔者说起了拆迁的种种不公平。

听到这些征地和拆迁事宜，湖北省社会科学院农村经济研究所研究员龚教授愤慨地说，这属于典型的公共权力失控、越位，管理者行使了所有者的权力，掠夺经营者的生产权。

龚教授认为，土地资源是国家的，虽然人民只有经营生产的权利，但国家是人民的，不是政府的，因此政府部门只能拥有国家赋予管理土地的权利，没有征集土地和掠夺生产者产权的权力。

有关法律亦明确规定：土地所有权归乡村社员集体所有，政府部门没有流转或者出卖土地的权利。之所以赤壁镇类似的事件能在全国范围发生，就是管理者没有看清楚自己的身份，行使了所有者的权力。

龚教授说，就补偿而言，《土地法》规定，公益事业征地应该给予近三年平均产值的 16 倍补偿；商业化运作，更应该以市场化的价格和运作进行土地流转。不应该出现这种政府作为管理者受益，损害经营者的利益，使国家资源流失、让农民返贫的现象。

对于政府部门利用土地资源刺激经济增长的现象，陕西省社会科学研究所杨研究员亦觉得不妥。她说：“现下有很多政府一是向国家要项目、要资金，二是向老百姓要土地、以廉价的资金换取资源，进行高价抛售，刺激经济增长。”

“土地资源问题，不仅是一个社会问题，更是一个法律问题。”对此类土地权属不清的问题，甘肃省社会科学院农业经济研究所曲研究员也深有同感。

多年来，农村土地资源的“所有权”边界不明显，享有土地所有权的“集体”在法律上概念模糊，致使各级管理者为了自身利益而争夺土地所有权，导致土地纠纷频繁发生，也造成了土地相关问题的复杂和混乱。

征地补偿是其中表现较为尖锐的问题之一。从经济角度看，农民在合同规定范围内承包土地发展农业生产，不应受到外来干预；虽然政府征地是合法行为，但其前提的强制性使得补偿的公正性难以保证；如果单纯以农民所要求的按商业价值来制定征地的补偿标准，一方面远远超出了欠发达地区政府财政的承受能力而显得不太现实，另一方面也不利于城镇化建设的发展要求。因此，利益的差别需要寻找一个由农地评估、土地融资、土地保险和土地流转等中介机构为平衡点，独立地以城市的发展潜力为基础，依据征用土地的未来价值，通过评估土地未来的不确定因素，考虑双方共同利益来确定。

“也就是因为权属不清，土地资源便被强者强势占有，弱者则被掠夺土地资产所有权，这种闹剧在全国各地纷纷上演。”一位在此方面深有研究的专家叹息道，虽然有法律上的概念模糊和管理上的困难等原因，但作为国家的职能部门，土地管理部门亦有不作为和失职的责任。

土地资源：一块强者抢占的“糕点”？

我在赤壁市采访景区扩建中发现，目前国内的名胜景区，大多已经被开发商买断经营，其扩建和门票涨价也在疯狂进行。一位业内人士坦言，旅游产业是目前的五大朝阳产业之一，无论是地方政府还是开发商都看好它的经济价值，因此，只要有机会，总不忘分一杯羹。赤壁市赤壁景区的扩建仅是一起小案例，这样的建设和掠夺，在全国已经进行了几年。这位人士认为，如今依托旅游业的土地资源，已经变成了一块抢手的“糕点”，只是与弱者无缘而已。

“近年来，景区门票涨价借口大多是景区扩建、景区投资加大，或者就是控制游客人数。因此，土地资源对于景区来说是寸土寸金！有的景区甚至将收取门票的范围扩大到国道上去了。”一位旅游业内人士在谈到土地资源与景区涨价时说：“越是扩大建设，旺季时门票就越要涨价，不涨价就不正常了。”

笔者在有关资料上发现，景区涨价最高、最普遍的是被业界称为“涨价年”的2005年，当时，国内具代表性的景点淡季门票全面上调120%，旺季的涨幅更高。

对于赤壁的开发，投资商满怀把握：“3.1亿元的投资，我们虽然慎重，但是信心十足，预计10年内收回投资并开始盈利。”依据投资方有关负责人的说法，他们依托三国时期赤壁大战的历史背景，依托大战遗留的痕迹，重现古代战场的宏伟场面，让游客不仅有身临其境的感觉，更能参与其中，从而改变名胜景区静态展示的旅游状态。

对于开发预算，投资商这样算了一笔账：除了住宿、饮食以外，游客买一张300元的通票，即可以在三国城内遍玩游戏。以目前的预计，每天游客将不会少于5000人，仅门票收入便能达到每年5500多万元；10年后，景区收益将达到3.6亿元。依照赤壁市与其签署合约约定的50年经营期计算，

其利润可想而知。这位负责人认为，和同类旅游项目相比，他们核定的300元通票并不贵。

开发商负责人在接受笔者采访时说，他们曾成功开发了国内某景区，其开发效果在意料之中，不仅利润可观，对于地方经济的刺激也很大。因此，不仅他们看好此次在赤壁景区的扩建和开发，地方政府同样看好旅游业对地方经济的影响。

“现在景区都在利用扩建、土地资源做文章，以达到暴利经营，在我看来很正常，都要盈利嘛!”业内人士陆女士在与笔者谈及旅游业的现状时说，现在大多数的旅游景点都被管理部门、地方政府承包给了开发商、旅行社，作为承包方自然要考虑利润问题，因此，土地资源的利用被发挥到了极致，门票涨价成为主要的表现之一。

笔者在湖北采访时发现，与赤壁市不远的黄冈市也正在筹划着“赤壁风景名胜区扩建项目”，其预计项目总投资1200万美元，并称拆迁平整工作完毕，已达“三通一平”的要求。

笔者看到他们项目的经济效益评估是这样的：仿古商业街1.1万平方米，建成全部售出后可赚200万美元（造价1300元/平方米，售价2800元/平方米）；年接待100万人次，每人消费3.6美元，收入360万美元，即可赚180万美元/年，总投资7年可收回（含建设期2年）。

招商引资：政府卖地“卖”景区的借口?

“景区‘城市化’、‘商业化’、‘人工化’现状，归根结底是一些地方政府采取急功近利的错位发展导致的。”湖北省社科院一位专家分析一些景区被承包、无序扩建的现象时说，风景名胜是国家的资源，是公众的资源，而一些政府部门却错误地以为他们就是国家，肤浅地以为经营城市就是卖地，经营风景区就是“卖”（出租）风景区。

据了解，赤壁镇是赤壁市的农业生产镇，经济作物主要是棉、麻、油，农作物则是水稻，只有少数居民依靠景区从事商业活动或从事渔业。但是依据村民的说法，赤壁景区扩建之后，他们及其后代子孙将再无地可种，因为他们的耕地承包期只有30年，而政府却将50年的经营期卖给了开发商。

在赤壁市名胜管理局与赤壁镇石头口村签署的征地协议上，笔者发现，该村37.17亩地得到的资金只有17万多元，并且规定村民不得提出任何附加条件。依照村民的说法，政府以每亩5000元的价格将耕地征集，每平方米100多元的价格征集房屋基地和商业用地，便是要赶他们出景区繁荣地带，然后以高价出售给开发商。

“土地价格，只能参照目前土地的市场价格执行，不能超出我们协商的最高价格标准，那是底线！”对于土地价格问题，开发商告诉笔者，他们向政府购买的是“净地”（没有任何建筑物覆盖的土地），他也提到，协议中明确了他们认可的土地最高价格。

有关资料显示，由于景区普遍出现经营权转让、承包给开发商经营，近年来，无序开发风景名胜区的行为随处可见，这包括不少地方政府、旅游开发商和旅游经营管理部门竭力加大对基础设施建设的投入，热衷于在保护地内大兴土木，筑路修桥，架设缆车索道，兴建娱乐设施；有的景区甚至引入房地产开发；还有的景区盲目引进所谓国际规划师、设计师，把中国特色异域化，大建现代人文景观；等等。

正如资料所述，赤壁景区原来只有摩崖石刻受到游客的关注，另外的拜风台和庞统草庐并没有多少游客观光。如今，不仅三个景点被连接，其中还添加了不少人为景观，如射箭台、周瑜塑像等，还有一些附带的商用设施正在建设。

面对这些建设，笔者想起了国家原建设部风景名胜专家、浙江风景名胜区协会会长胡理琛在中国风景名胜专业委员会年会上的呼吁：“如今国内的风景名胜区大多被日益‘人工化’、‘城市化’、‘商业化’，保护风景名胜景区原真性的工作，已成当务之急。”

“资源糕点”为何大家分切？

有关资料显示，（截至笔者采访时）我国有177个国家级风景名胜区，国家每年总投入1000万元，平均到每个景区仅6万多元；许多风景名胜区为了修缮景区设施，支付人员工资，走上“靠山吃山”、“以景养景”的道路，最后导致景区过度开发，损失惨重。

有关专家认为，被带吃山、吃景都是借口，除了卖地、卖景区以外，景区的暴利经营也是地方政府“发展经济”、拉动GDP增长而看好景区的一大因素，有的地方政府和管理机构甚至把景点当成“摇钱树”。

旅游业开发商陆女士认为，景点门票收入中，景区自留占40%，安置

移民占 20%，地方财政分成占 40%，人员工资和景区修缮仅是小部分的开支。当其经营不能获利时，便会向旅游管理部门申请要求门票涨价。“其实景区门票涨价很简单，做一份假账证明景区亏损，写一份申请说明增长门票的幅度，递交管理部门即可。因为牵扯到地方经济和旅游部门自身的利益，这样的申请一般都会被批准。”

也就是这样，近年来，无论社会舆论的压力有多大，一些景区不惜伤害公众利益，将景区门票价格疯狂增长，追求地方和部门利益的最大化。

依据这位陆女士的分析，由于风景名胜区的管理涉及林业、文物、旅游、商业、土地、安全等系统，条块分割，矛盾关系错综复杂，因此，最后能决定景区开发的往往是地方政府一把手；地方政府为了以旅游拉动地方经济发展，搞招商引资、搞房地产，甚至买资源刺激经济增长，以此作为自己的政绩。

湖北省社科院专家说，风景名胜是一种稀缺的公共资源，不是某个单位或地方政府的专有财产，其最终所有权属于国家、属于全国人民；目前，由于景区门票价格和土地管理权下放到地方，于是，地方政府在代表国家行使景区、土地资源的管理权时，潜意识地行使了他们手中权力，并没有充分尊重所有者，即国家和群众的权益与意志。一些地方政府为了增加财政收入，甚至纵容景区门票一涨再涨，使众多游客面对高价门票望而却步；将景区资源以及土地资源一再地过度开发甚至买断经营期，使农民利益、公众利益严重受损。让人感到可悲的是，这种侵犯公共利益的行为和现象，至今没有国家有关部门管理，任其坐大。

专家分析，中国风景名胜区目前面临的困境是，这具有保护性、公益性、展示性和传世性的国家风景区，被一部分手中掌握地方政策和决策权的领导者，错误地定位为“旅游资源”、“旅游经济开发区”，把保护性变成开发性，展示性变成经营性，过度开发，严重破坏了景区资源，损害了景区周围群众的利益。专家建议，我国应当成立一个类似于“国家遗产管理局”的职能部门，由国家直接管理风景名胜区和不可再生的资源，以保证其权威性；成立一个专家管理委员会，让专家参与设计、规划、管理风景区，以避免地方政府“好心办坏事”。

（写于 2006 年）

守望文明

沿着先民的足迹，沿着数千年的变迁痕迹，我企图找到在现代社会中消亡的敬畏，探寻到人类文明的变迁，证实敬畏的存在。

走过天安门

或许是初到宝地吧，或许是对北京景仰太久吧，我很早（凌晨5点钟）就起床了，之后，凭手中地图，信步往天安门、故宫方向而去。

天虽大明，但依然尘雾茫茫。北京的空气质量太差，不如兰州。突然很想念兰州。兰州是洼地形，故空气质量差。而北京地形有优势，却依然尘雾蒙蒙，太阳老早出来了，但不见其影。

走过西单，走过中南海，突然，眼前一片开阔，天安门广场出现在眼前，金水桥出现在眼前，一种莫名的激动开始涌动。

于是我信步走过去。

北京故宫街景

对天安门，我向往已久，从小学的童谣里，从历史大片中，从人们的传说中，天安门在我心里、脑海的影子一直清晰、明朗。

信步前去，一种从所未有的沸腾在胸中升起（或许就是心里感觉吧），灰蒙蒙的天空下，人民广场人群沸腾，只是不是在欢呼“毛主席万岁”，不是手捧鲜花向

金水桥涌来，而是三五成群地在照相、销售一些物品，几个武警在捍卫着他们的尊严（或许人们不是那么认为）。

喧闹、哄乱，便是天安门广场给我的第一感觉。心情无法沉静。突然我感觉一种火热的光芒射来，入我心神，我亦感觉到那光芒的坚毅、期盼和顾虑。

毛泽东像悬挂在城门，眼神似远眺，又似凝神，如揽全局于怀。

走过金水桥石狮，走过石狮的沧桑和不堪，走过风雨的侵蚀、愚昧的痕迹，我踏上金水桥，仰望着一个开创红色政权的领袖人物，开创中国社会新世纪的人。

一个世纪呀，中华民族经历了多少弥难，如今，终于富强了。

一个世纪了，中华民族经历了多少屈辱，如今，终于有尊严了。

一个世纪了，多少中华儿女为了祖国的尊严，抛头颅洒热血。

一个世纪了，多少华夏儿女为了祖国的富强，流血流汗。

一个世纪了，多少炎黄子孙为了祖国的安定，日夜奔波。

对于现代中国，你居功至伟，没有你，就没有现在的中国社会。想必你日夜守盼在天安门，一定发现了金水桥上的斑斑痕迹了吧！那是愚昧的痕迹呀。

你在天安门高瞻远瞩，你镇守着九州的中心，你眼神的期盼流露你内心的愿望，可你那一丝顾虑的神光呢？

君之大志，君之才德，“来年我不先开口，哪个虫儿敢做声”，气势如斯，谁与匹敌？

“牢骚满腹防肠断，风物还宜放眼量”，又何以前倨后恭呢？既能同舟共济，何不能兼听则明呢？

君之伟业何人敢比？君之气魄谁人能挡？既有心渡世，何不放手为之？

君乃智者，经历自劫，自不喻而言，你身后的院内有见证，眼前的金水桥上、桥下、桥边亦有见证。

看，一丐者占据金水桥，与一老汉对峙，地道的北京粗口，地道的现代“牛二”。可你应该无奈了。

走过天安门，便是一派杂乱和浮躁，什么“宫女”，什么“太后”，什么展示。信步到午门时，我停下了，不敢往前走了。失望已存，忧心已有，我担心我还会伤心，还会心痛。

端门前已经布满了各式的讽刺和嘲弄，已经弥漫了愚昧和无知，已经刻画了我一身的伤痛，难道真的要让这疼痛痛彻心扉么？难道真的要让这伤痛布满神经么？

我知道，作为一名社会人，我无权责怪首都的名人、学者和政要；我知道，作为一名中国人，我亦没有资格去谴责那些为了生计、为了一张嘴、为了三餐一宿的人群在肆意地嘲弄、卖弄文明和文化；我知道，作为一名有文化的人，我亦没有脸去责骂在首都生活、工作的人——见到这些亦在感叹和痛心而又没有责备的人们；毕竟，是我感慨太多，谁让我不能做一个能说话，却又不说话的人；谁让我不“五官”失聪呢？

在中山公园稍坐几分钟，心情愈发难受，我只得走了，我怕感觉到先人的辱骂，怕听到先人的指责；怕脸上的红色染到心里，让红心变紫泛黑；我飞快地逃开，走过天安门，走过故宫。

一天的心情由此糟透了。

看着地下室异味扑鼻的房子、糟乱的房间，心情只能用两个字来描述——郁闷。

和很多北漂者一样，谈及天安门、故宫，同行的石社长亦是感慨万千，唏嘘不已。我不禁吟哦——

顾盼京华三十年，
铁骑飞驰昼夜间。
物华天宝昔往事，
敢教乾坤换新天！

（写于2005年）

夜走珠江

夜幕悄悄拉下，岭南的酷热在夜色中悄然退下，徐徐轻风，送来阵阵凉爽。大汽车颠颠簸簸地开出南宁市琅东车站时，我南下的步伐再次迈开。

我坐在汽车的末座，和一位在深圳工作的秦先生拉开了话茬。秦生是广西人，此次回广西办事的遭遇，让他感慨万千。

秦生说，在深圳工作多年，回广西办事才发现，两地的差距真的很大。“在深圳，无论你去哪里办什么事，对方总会告知，如要办成此事须要ABCD等条件；而广西的一些部门却不是那样，总是要让你一趟又一趟地跑。”依照他的说法，为了办好此事，他已经从深圳往南宁跑了三个来回了。其实，秦生到南宁仅是到街道居委会开一张没有劣迹的证明而已。结果，他便在居委会和片警之间被踢了三个来回。

秦生说，在深圳，一个人的机会在于他的能力，关系仅是三分而已；而内地却正好相反。因此，最后他不得已，求了朋友帮忙，结果很快便搞定了一张纸、一个印章的证明。

车在高速公路上飞驰，山色、夜色在我们的一句句闲聊、牢骚中流逝，车厢内的人很少，我们的牢骚亦没有惊扰他人的清梦，但周公悄悄地找到了我们。

凌晨4时，汽车行驶上了珠江大桥。梦中醒来，看着路上的灯火闪耀，一件发生在十几年前的旧事，悄然浮起心头。

1992年，19岁的我还是个天不怕、地不怕，好动且喜欢暴力的人。广州、深圳在我的老家人看来，几乎人人以为是个遍地黄金的地方，是个让一个自强不息的人可以腾达的地方。为此，南下淘金早已成为我老家年轻人的时尚。

于是，某一天，我和好友雷涛也开始了南下之旅。我们挤在乱糟糟的列车中，坐在火车的人行道上，不时变换着坐姿，以不让自己的身体发麻，给在车厢内走动的人们让出一条“羊肠小道”。车厢内弥漫着汗味、脚臭、袜臭味。车厢内很热，但大家依然操着各种“方言普通话”闲聊，不时接受着乘警、乘务员的检查，不时嗅到一些人身上浓浓的烟味。

到广州之后，如潮的人群，如潮的车辆，让初到宝地的我不知所措。于是，我和雷涛便被人连推带拉地扯上了一辆车，踏上了去往深圳的路途。

当年的珠江或许没有现时的灯火辉煌，当年的江畔或许没有现下这样的风景，如今细想来，当时的仓促和茫然根本就没有欣赏到珠江的美丽，亦没有看到那些辉煌和风景，记忆中只有糟乱（上车便叫喊购车票，之后就下车，亦不退钱，如上车后不购车票，便会遭遇拳脚和臭骂）、粗暴。车过珠江之时和目前一样，亦是晚上，唯一不同的是一个是初夜，另一个是凌晨。

车进宝安边境时，停了。我和雷涛及所有乘客被车主赶下了车，说，过关要查证。查证？查什么证？我根本一无所知，我以为，在我自己的国家去任何一个地方都可以，应该不需要什么证明，这是我们的国家呀。

可是我们进深圳的路却被挡住了，一双手挡住了我们的去路，粗暴地把我们推开，拒之门外，说需要什么边防证。

我不服，再次走上前去质问：为什么不让我过去？可回答我的不是解释，而是一手大力挥来，把我的身份证件还有一封信打落在地（信是给雷涛的叔叔的，他叔叔在深圳工作）。信打在我的脸上、手上，很痛，亦打出了我心中的疑惑：深圳是中国的一所普通城市，我一个中国人为何不能去，去那里为何要什么边防证？是不是我去自己国家的任何一座城市都要办理什么证件？如果这样，我还是这个国家的人吗？这还是我的国家吗？

一肚子的疑问揣在怀里，却不能得到任何的解释。我被拒绝进深圳，被一个卡、一个关拒之门外。我一肚子疑惑地走在马路边，边走边等待回广州的汽车。

返回广州之后，我们的心情依然消沉。于是到沙河投靠了我堂兄的一位战友（许玉侠，亦是我们的一位老乡）。在许家居住的第二天，又有一群人找上门来，说是要查什么暂住证。因为我们没有这个奇怪证件，因此，许哥

费了好大的劲和他们解释，还缴了罚金才算了事。

我很奇怪，为什么到广东之后，会要这么一些奇怪的证件，后来才知道，即使走遍全中国都要暂住证，因为我不是当地人，我只能在家乡居住，到了别人的家乡便是暂住。没有这样的证件，便会遭遇不公正待遇。后来才明白，即使有暂住证亦有不公正待遇，因为那个证就是歧视。

这时秦生亦醒了。说起暂住证，秦生和我讲了他在深圳以及广州数年来的一些见闻。在深圳，你走在马路上，任何时候，那种戴红袖章的联防队员就来查你的身份证、暂住证。

“这样子的”，秦生比画着说，“见面第一句问：‘有没有带身份证？’”

如果回答是没有或者忘记带了，他们则会说：“你蹲下。”如不从便会遭遇粗暴的对待。接着又会问：“有暂住证没有？”

如回答没有或没带证件，便会立即找车来把你拉走，之后，这些被带走的人会被安置在一些不知名的平房，或是罚款，或是驱逐出深圳，或是一顿老拳请吃。“两证”少一张便会被车拉走。

听到这里，我想起了已经去世的大学生孙志刚。亦是因为这样的情况，他被这样的一顿老拳打死；之后，引起全国人民的愤怒。尽管他的公道是要回来了，尽管他似乎体现了一些价值，但好像并没有什么人对该事件负责，并没有人对这些行为做出解释，亦没有人对孙志刚和类似事件说些什么，表示些什么。

就像我老家农村人用棍子赶池塘里的青蛙，用棍子捣一下，青蛙跳一下，之后便再没有什么动静了，除非你再用棍子去捣，或许青蛙会再跳。

如今想来，这亦是一大奇景了。

进关了，车没有停留，照秦生的话说，如是以前，又得去接受一番审查。如今虽然没有了检查，但每次看到这个检查关卡，心里总不免嘀咕：在自己的国家怎么要历经那么多的质疑，怎么一点做人的权利都得不到尊重呢？依秦生建议，这个关卡要保护下去，保存下来，好让经过的人都知道尊严被屈辱的过去，而今要谱写自由而尊严的新篇章。

（写于 2006 年）

搏　海

周日，我和朋友驾车外出。滨海城市深圳竟是一个少见的雾天，我很惊异，怎么近海空气对流如此好的城市亦有这样的大雾天气？依照深圳市民的说法：近几年，深圳这样的雾天已是越来越多了；而在早些年，深圳是没有这样的天气的。

据了解，深圳的媒体还邀请有关专家分析了深圳阴霾天气的原因。专家说，其一是因为深圳高楼大厦越来越多，城市的绿化空间越来越少，影响了城市低空的空气对流；其二是因为汽车的数量越来越多，本来城市地方不大，汽车便占领了很大一块，而汽车排放的尾气自然成为影响局域气候的一大因素。据说，深圳汽车的密度已经达到中国之最；据说，如果深圳的汽车首尾相连排成长队，可以将深圳与北京连起来。“只要空气对流量不大，深圳便会出现这样的雾天，如果再严重下去，深圳便会下酸雨了。”专家说。

我们在山野之中穿行20分钟，突然眼前开阔，阵阵涛声入耳。“看，那就是大海了”，深圳友人对我说，“近山的钢丝架（隔离网）外便是香港地界。”

天突然下起了小雨，我们在峭壁处停下汽车，虽然我看见了大海，亦看见了一片临海的空地却不是海滩。

古时候，精卫填海是用嘴，因情而为。而今填海为何呢？几堆石头、水泥便能将大海圈起，移大山之土石，掩而填埋。深圳原是一个小渔村，土地资源原本不多，因为社会要发展，所以才向大海索要土地，事实上，目前深圳很多土地均是填海而成。

填海的“妙计”让人不得不赞扬：先将海滩圈起，而后掩填，将土地

丢售给房地产开发商，此计之妙，不可谓不绝。但真是为了人人口中所讲的金钱吗？深圳作为中国改革开放的前沿，有全国各省市的支持，还缺钱吗？不过事实证明，深圳沿海边土地开发的观海景商品房，每平方米的价格已经达十万甚至数十万元不等。而目前深圳周围已经开发了大批这样的地方，按他们的说法，深圳是一个小渔村，如不平山填海，怎么发展？

我想起了20世纪五六十年代一个很时尚的名词“大跃进”。当时也是为了快速发展，中国大地处处是向森林、湖泊要地的热火朝天的场景。此后，中国森林面积锐减，湖泊面积锐减，土地沙漠化逐渐严重，水患越来越多。

不错，社会的发展很重要。但这样的所谓发展，让森林在人们的眼前逐渐溃退，让水源在人们的视野消失，同时社会呈现了沙进人退、人进林退、人进海退的现象，让人们生存的处境一再变得尴尬。

走近海边，发现在海滩边生存的海生物已经渐渐消失，几条不知名的小鱼露尸其上，大海和它的“好友”海滩、海滩生物完全被隔离。

有常识的人都知道，每种生物都有它的生存法则和生物链，大海生物亦然。将大海与海岸隔离，无疑将浅海内的生物链、浅海环境破坏，长此以往，海内生物将严重缺乏营养，海洋生态将被严重破坏。到那时，我们看到的将不再是人进海退了，只怕向我们人类涌来的将是汹涌的巨浪、无情的摧毁了。

环视海边，由此造成的水质污染亦存在，虽然不是那样的严重，但如果污染如此般延续，后果将会怎样呢？

在沙漠还没有向人们开始报复的时候，为了生存，或者说为了更好地生存，人们向森林开始了扩张和大规模的砍伐，于是，绿色地带逐渐消失在人们的眼前，逐渐地，绿色森林变成黄色继而变成了沙漠，且沙漠化越来越严重，迫使原来向森林扩张的人们退却。于是沙化愈加严重，沙尘天气越来越多，天气越来越干旱，人们的生存遭遇了极大的挑战。

而今，人们刚从绿色地带退却，为了利益，又向蓝色的水域开始了扩张。绿色地带的报复仅是近三十年、五十年的事情，那么蓝色水域的报复又将会是在什么时候呢？不得而知。但近年的水灾、风灾，不能说与此没有任何关系；海水漫淹一些海岛、家园的事已经屡见报端。

1999年以来，我国第五大淡水湖呼伦湖萎缩了440平方千米。水生物

消亡，不少鱼种类亦在逐渐灭绝。

洞庭湖水域原有6000平方千米，新中国成立初期为4350平方千米，而今却只有2840平方千米；鄱阳湖原为5100平方千米，亦缩小至3900平方千米。

而引起湖泊面积萎缩的主要原因便是开垦建田，侵占水域建设陆地，一方面，使水域面积缩小；另一方面，使水域遭遇严重污染，水域的生态平衡遭到破坏，水生物消亡，稀有鱼类灭绝，或是造成水成分失衡，严重缺乏营养。

有媒体报道，长江大河已经成了污染源，沿海城市成为人类与大海进行战斗的前沿阵地。无论是国外还是国内，向大海扩张已是越来越严重，陆地扩大，海域缩小。这将会引发什么？我不知道。

但我知道，由于工业社会的污染，太空臭氧层被破坏，雪域和冰域的气候正在逐渐变暖，冰雪正在融化，这些水将大量涌向大海。如果有一天，大海面积不能容纳西来之水、冰川和雪山之水，不能吸纳百川之时，我想，洪荒时代亦离我们不远了。

到那时，人们会不会追问，治水的大禹在哪里呢？能预防水患的大禹在哪里呢？社会的发展为何循环了一轮又一轮？只是什么时候是所谓发展的开始，什么时候将是人们噩梦的开始，也是人类生存走向绝望的开始。

填海将会一而再，再而三地进行，从为了生存填海治水，到社会发展几十年后又为了金钱填海，到最后人们将是为了生存再次去搏海治水了。

有时候，我想，数十年前，先辈为了社会大发展或者是生存给我们带了沙漠与水患，现在填海会不会给我们的后代带来厄运呢？

（写于2006年）

虎　门　潮

因为要去虎门瞻仰民族英雄林则徐抗击外辱的事迹，我特意早早起床，并将那段动荡的中国近代史温习了一下。

尽管是阴天，却丝毫没有影响我追逐的步伐。从深圳出发过东莞、下虎门，汽车几经转折，穿行于喧闹的城市，没有颠簸。淡淡的冬日阳光时而从阴云里走出来，时而躲进云层。

有两位高大的身影，亦在我的脑海里或隐或现——林则徐、关天培。他们用一堆石灰、一瓢海水，掘几井石坑，将让清朝衰败而堕落的鸦片变为残汁，崛起了中华民族的脊梁。“鸦片一日未绝，本大臣一日不回，誓与此事相始终，断无中止之理。”林公铿锵誓言在耳，民族铁骨愈发坚挺。亦是这一瓢海水，成就了林公，成就了虎门，铸就了中华民族的灵魂、中国文人的傲骨。1997 年，美国纽约竖立了一柱铜像，上书：国际禁毒第一人——林则徐。

距离虎门滩愈发近了，阴晴不定的天空突然下了几滴小雨，想是为林公的遭遇抱不平吧。

林公少穆本是福建人，1838 年任两广总督后，对鸦片毒品恨之入骨，为此上书奏请道光皇帝批准禁毒。连续 8 天的探讨，拉开了世界历史上禁毒的序幕；但此时，广州的虎门已经成为毒品猖獗的口岸，成为鸦片涌入中国内陆的主要通道。

史书记载：1839 年 6 月 3 日至 25 日间，林少穆收缴鸦片 1175 吨，亲自指挥挖掘 45 米长宽的池子 2 个，耗时 3 周，以浓卤水、石灰和海水一起冲入池中，将鸦片销毁。这是林少穆人生的辉煌期，亦是他官运衰落的开始。

之后，中英鸦片战争开始了。一场正义与邪恶的斗争开始演绎。

因为商业利益受损、一己私欲受损，1839 年 10 月，英国人威廉致书詹姆斯·马地臣称，可派一条装载 6000 ～ 7000 人的海军舰，沿虎门海岸北上，到达天津海口，袭击清政府政治中心北京。1840 年初，英政府下达国令，一支海军远度重洋，揭开了中英鸦片战争的序幕，进行了一场关乎人性的战争。尽管人性战胜了非人性，但最终还是物质赢了人性。

海风阵阵，波涛汹涌，一阵阵的涛声，让我的脑海中浮现出那一场海战。

天，下着蒙蒙细雨；风，夹着销烟的味道从海边传来。林少穆、关天培镇守虎门 11 座炮台指挥中心，严阵以待；由 300 多门远、高、低炮组成的火力网，早已做好作战准备，身边马弁不时将英侵略军的动态汇报。

在近代历史上，这一场战争是中华民族胜利的战争，却也是中华民族百年屈辱的开始。在林、关二人指挥的阻击下，英侵略军遭遇了沉重的打击，看到了中华民族的铁脊，最后，沿海向江浙北上逃窜。

硝烟中，关天培和他的八百勇士以身殉国，以他们的血肉之躯捍卫了正义；而林少穆则遭贬，远放伊犁，远离了烽火与毒品，远离了战场与大海。

在虎门的节义兵坟前，当年木质的墓志铭已经不在，土坟亦是巍巍屹立，似乎还在传颂着当年的英勇和不屈。

“到了，前面就是威远炮台！”汽车在海岸边停下，海风夹着咸咸的味道，将我从 100 多年前的悲壮中唤醒。

虎门大桥如一道彩虹当前飞跨珠海，恰如毛泽东诗词所述“一桥飞架南北，天堑变通途”。往来虎门、深圳之间亦改变了波涛渡江的日子。海风阵阵，三三两两的渔夫在海边忙个不休，三五群游人在点点挥挥；当年拒英侵略军的前沿阵地就在眼前。

岩石作堡，松木做炮，当年的战火痕迹，已经在风雨中残化，弹药伤痕略见一斑，倒是人为的破坏、岁月的摧残让人心酸不已。炮座、兵库，似乎一如昔往，只是均是现代的建材所筑。所剩的仅是残余阵地和弹药库座，一炮或是十八发炮弹，或是二十一发炮弹配发，围墙、走道多数已是残旧后的新建。三三两两的游人或是在题写着到此一游（留影），或是观海嬉耍，唯独不见对当年硝烟的怀旧，更不见百年屈辱的伤痛。

展馆内，一幅幅图画，一幅幅波澜壮阔的生动画面，一件件旧物，在玻璃框内静静地诉说着什么，似乎是幽怨，似乎是倔强，像是在说中华民族的脊梁坚挺，也像是在说愚昧在重演。

一场为了人类健康而进行的战争，一场为了普世价值的战争，一场因毒品而起的战争，无论是战胜国还是战败国，批判和反思似乎不应该停止。

那时的清政府想必是忽略了鸦片的毒害，而贩运鸦片的英国人却是熟知其害，何忍以此毒害人呢？百年前不曾觉悟，百年后一直倡导人权、人性的良知亦不曾觉悟吗？如何不见英国人有所表白呢？

禁毒运动从 100 多年前的局部战争，到如今全世界的运动，英国从主导贩运到禁止贩运，变化至此，为何不见痛定思痛的反思？

就连以此为生的金三角毒品大王都有过反思，怎不见主张人权的英国人向亚洲华人说些什么吗？

由此可见，“人不为己，天诛地灭”并非妄言，只是所谓人权是一些政权力量的口号，是一些人在谈判桌上的筹码，物质利益的交换而已。只要符合他们的国度、公众利益，则一切皆可；如不然，则一切皆不可。利益局域化、国度化，人权的主张不过戏言尔。

静坐海滩，听阵阵涛声，遥望大海彼岸；回顾崛起的高楼大厦，残留的炮台、弹库，心想中华民族的崛起，难道就在这高楼大厦之间？环顾国人，一切向钱看，均是忙碌的房奴、车奴、钱奴、名奴，中华民族的崛起，难道就托付给他们？

回想在边远西部山村操劳而衣食无着的山民，回想起奔波在社会基层、力量微弱的社会公益人士，我禁不住要问，中华民族的崛起还要多久？是否要依靠掠取多数人财富的不仁之商？是否要依靠侵害公众权利的莫名力量？

涛声阵阵，海风阵阵；东来之水，淘尽了多少风流人物，今朝风流且又要看谁？

我不知道，唯有远望大海长啸。

（写于 2006 年）

攀越莲花山

古人云："山不在高，有仙则名。"深圳市中心的莲花山应该是这句话最好的写照。

到深圳后，一直惦念着要去缅怀总设计师邓小平，要去感受一下深圳精神。10 月的一天，我心怀一片虔诚，携友同行，往莲花山而去。穿越宽阔的马路，绕过奔驰的汽车，几步路，就到了莲花山脚下。莲花山小而精，山在院中，院在山中。套用笑星的灰色幽默，那就是"浓缩的就是精华"，莲花山也有这样的寓意。

这山不高，既没有泰山之尊、华山之险，更没有黄山之秀，但对于现下社会以及深圳来说，这座海拔不过 532 米的莲花山，不仅有着特殊的意义，更是来深圳游玩的必游之地或缅怀往事的最佳地方。

依照深圳市民的话说，不是它在城市中地理位置的原因，也不是它令城市保持绿色的缘故，而是因为邓小平像在莲花山。

山名莲花山，像乃小平像。自 2000 年 11 月 14 日，小平像在莲花山顶矗立后，山和像就融为了一体，成为深圳新的标志。远远眺望，一尊 6 米高的青铜雕像，极目远方、气宇轩昂，衣襟飘动、步伐坚定；不但象征着中国的改革步伐，也象征着深圳坚定不移的改革意志。它是深圳经济发展的一面旗帜，也是中国改革开放的一面旗帜。

沿着平坦的山道而上，清风习习。爬山运动的市民三五个一群，七八人一伙，或是安静走过，或是欢颜而去，朝气蓬勃的样子，不正是深圳乃至中国现下的状态吗？

回望不远处的高楼大厦，不难让人想起 1992 年小平同志视察南方时的情景：那时的深圳，深南大道自上海宾馆以西基本上还没有城市的影子；20世纪80年代至90年代初的深圳，代表深圳形象的是深圳火车站和罗湖口岸附近的地区。

当时人们在深圳可以看到“三天一层楼”的“深圳速度”；竖立在蛇口工业大道路口的“时间就是金钱，效率就是生命”的标语牌，就是那个时代深圳最好的诠释。热火朝天的工程建设，堪比20世纪50年代的“大跃进”。

深圳的迅速崛起，很像1996年深圳诞生的当时亚洲最高建筑——地王大厦的崛起一样，快速而令人惊叹，猛然间吓了地球人一跳。在深圳，至今有人这样评价这栋钢结构的摩天大楼：“她的荣耀持续了很长时间，她的高度领先了很长时间，她把20世纪90年代深圳的天空拓宽了很长时间。”

但真正拓宽深圳天空的，不仅仅是地王大厦，还有它周围的蔡屋围金融区、深圳证券交易所、深圳发展银行、平安保险、深圳商业银行……密集的金融机构，蓬勃发展的金融业，凸显着深圳的财富与梦想。

“金融业是深圳的脊梁骨。”至今有人这样说。

莲花山和其他的山很大的区别是它的山峰是一块平地，迎面一块石壁上留有小平同志在深圳视察时说过的一句名言：“坚持将改革路子走下去，改革发展才是硬道理。”这句话不仅改变了渔港、山村一般的深圳，也改变了全中国；更让饿着肚子唱高调的中国人，不仅吃饱了肚子，还有了埋头苦干的踏实精神。

走过石壁，小平铜像耸立眼前，他步伐坚定，神情自然，脸上流露着他在法国勤工俭学时的自信，仿佛几十年前，他就预测到深圳，乃至中国的当前变化，预测到了中国的崛起。

是呀，在深圳建立经济特区，小平只是赋予了深圳“窗口”和“试验田”的使命。“胆子再大一点，步子再快一点”，更是小平对深圳，乃至中国改革开放的期望，是对一个不发达国家迅速发展经济的道路的探索。

1979年，深圳由广东省的宝安县改建为市，1980年，深圳建立经济特区，同年，国务院批准深圳为副省级城市，赋予深圳市规划城市经济计划的权限，1984年，赋予深圳市人大常务委员会立法的权力。

一点一滴的变化，一步一步地融入中国制度的变革、经济体制的改良，一点一点地改变了中国人的世界观、价值观、人生观；“深圳速度”成为一

时佳话。

站在以大理石铺设而成的山顶平台，倚着花岗岩栏杆，俯视近处的城市建筑，望着鳞次栉比的现代城市建筑群，我仿佛看见中国的未来：如今的中国特区已经没有特区的优势，西部开发、东北战略、长三角经济圈、珠三角经济圈、泛北部湾合作领域、上海经济合作组织，一个个类似的特区，在神州大地遍地开花，改革的春风吹化了千年的坚冰，深圳的今天，就是其他地区的明天，且指日可待。

风渐起，云飞扬。

莲花山公园内广阔的草坪上，市民们放起了风筝；在人们看来，10 月飞纸鸢，原来是件多么奢侈的事情，如今，深圳却轻而易举地做到了，纸鸢飘摇而上，如同深圳，乃至中国人的心情与愿望：愉悦，乘风而进。

攀越莲花山，缅怀小平同志，几束鲜花也不知道是谁人奉献，寄千缕思绪与祝愿，默诵：愿中华民族早日复兴与崛起，愿中华民族精神长存不朽！

（写于 2007 年）

风雨威海卫

9 月刚过，我们乘着汽车到威海卫的时候，天空开始下起了雨。到海边时，雨下得越来越大，很容易就让人想起 113 年前的那场风雨，那场震惊世界的中日甲午战争。

导游告诉大家，从海岸到当时拱卫清朝京畿的刘公岛，还要行船 15 分钟，那里曾经是亚洲排名第一、世界排名第四的清朝海军基地，拥有庞大的海军舰队、精锐的军事攻击力量以及先进的海上作战设备。

雨下个不停，风已经没有了当年的狂虐，而有些温顺；海浪一层一层扑来，好像有些欢跃：毕竟现下的中国已经不是当年的中国了。导游在讲解着刘公岛的历史和现在：一个古老故事的动感与悠久，一个美丽风景区的和谐与幽静；讲解着一个血与泪的耻辱，一个奢华与贪婪导致的惨痛教训。

船摇摇晃晃地穿行在海上，有的游人在船内叽叽喳喳地讨论着历史与风雨；有的游人在隔窗远眺，沉思回想。游艇如同 100 多年前的中国，飘摇且不安稳。

不久，刘公岛遥遥在望：海拔 153. 5 米、面积有 3. 15 平方千米的海岛如同一支战舰，屹立在大海上。“飘摇海上浮，鲸载无倾倒”，这样的感觉不仅千百年前有人这么感叹，如今一样让人有“巨镇天开海国雄，屹然海际跨瀛东”的感慨。

据了解，这里距离韩国与日本仅 100 多海里。

依照导游的讲解，清朝到 1881 年的时候，已经是动荡、飘摇的气象，改革维新与传统继承的碰撞，充斥着火药的味道。也就是这个时候，刘公岛开始了一次命运性的建设，自明王朝戚继光之后，它的战略意义再次被推到历史的新高点。

据史料记载，1874 年，日本侵略台湾；1884 年 8 月，马尾海战，福建水师全军覆没；1885 年 2 月，南洋水师的“澄庆”、“驭远”两舰被法舰击沉。这一系列的挨打屈辱，让清王朝认识到建设海军必须走自己创造和外购相结合的道路。

于是，刘公岛成了这个时代的聚焦点，一支令亚洲震撼的龙旗舰队诞生了：从 1875 年到 1884 年，清政府先后从英、德等国购进战舰 15 艘，北洋水师即得 8 艘；李鸿章还借调其他海军船舰，将北洋水师迅速壮大。1888 年 9 月 14 日，北洋水师正式成军。

这支庞大的曾令亚洲刮目相看的舰队，有 25 艘大小不一、亚洲一流的舰船，主要战舰购自英、德两国，其中的“定远”、“镇远”是德国伏尔铿船厂制造的比较先进的巨型铁甲舰，排水量 7335 吨，马力 6000 匹，首尾各设有 150 毫米口径炮 1 门，75 毫米口径炮 4 门，机关炮 10 余门，鱼雷发射管 3 具，舰载鱼雷艇 2 艘。这铁甲舰不仅震慑了野心勃勃的日本，也让清朝多了一些必胜信心。

海岛上还建设了工程局、机器厂、水师学堂，聘请了外国教官授课；海湾内旌旗遮日，船舰穿梭，声威赫赫，令世界对中华海军刮目。

但这支强大的舰队，却被当时称为“蕞尔小国”的日本国打败了。

1894 年 8 月 1 日，中日两国宣战之后，威震亚洲的龙旗舰队变成了这场战争的主角；但 9 月 17 日，在黄海的这场大战中，这支舰队与日本海军相逢的时候，仅仅历时 4 小时 40 分，龙旗舰队就被毁灭。这也沉重打击了清朝海军的底气。

一支曾令亚洲刮目的舰队，经历不到 5 小时便在海上毁灭，是为什么？是军人不勇敢吗？不！而且那水师学堂就在海岛上，那洋教师的讲解与技术传授好像还在耳边。难道仅仅是因为提督丁汝昌是陆军吗？邓世昌等赫赫英雄，不一样是豪气冲天！

或许邓世昌下令“致远”船舰开足马力冲向日本军舰的时候，已经说明了一些问题：庞大的海军舰队居然没有弹药向敌舰发射；庞大的舰队，居然使用着过期的、没有杀伤力的弹药上战场。这，岂不是笑话嘛？但事实的确如此，至少，目前我们看到的书籍或教科书上都是这样讲的。

汽笛声声，海涛滚滚。当年的军港已经不复存在，几名靓丽的女军官在码头有序地指挥船只停靠。我们依次登上这饱经沧桑的小岛，观光的游人或是乘车向小岛中心而去；或是冒雨疾步而过；或是远眺大海，缅怀沉思。

100 多年，犹如噩梦，但让人们难以置信的是，这一切，竟是因为一个老太太过生日而导致。独裁的悲剧时代一再演绎，邓世昌等将领的绝望与悲壮如同昨日。

海战演播厅不大，但挤满了老人、孩子，男人、女人。时间不多，仅仅十几分钟，却将黄海大战的前因后果点滴演绎，中华民族的悲壮，时代的悲哀一一展现在眼前：1860 年，英、法联军发动第二次鸦片战争，入侵北京后放火焚烧了圆明园乃至万寿山、玉泉山和香山的宫殿，清漪园也被焚毁。

我所看到的资料这样记载：1886 年，当时独揽清朝大权、被世人称为慈禧太后的叶赫那拉氏，假借光绪皇帝的名义颁发上谕，宣称：每年从海军拿走约 2000 万两白银（相当于总军费的一半），为太后“颐养冲和”而修复清漪园，并将清漪园改名为颐和园。据史学家说，她挪用海军经费大力修复烧毁的园林，仅仅是想显示大清国皇族的排场，做享乐之用。

当时的大清国，人人均想从军费里捞油水，甚至部分海军将领也是如此，将一些重要的零部件偷卖，结果，北洋水师在初具规模后，无法继续扩充实力。史书记载：1888 年以后，北洋舰队再未添一舰一炮，购来的军火质量低下；甲午战争爆发时，北洋水师约 1/3 的军舰因为缺少零部件而无法出海作战。

而窥视中国已久的日本却发行国债大力发展海军，日本天皇甚至下令百官一律上缴薪俸的 1/10 作为海军军费，日本皇后变卖自己的首饰捐给国家；到 1894 年时，日本海军力量已远远超过了中国。

提督丁汝昌的悲剧令人唏嘘。走过威海水师学堂，踏过铁码头，迈过老炮台，远远望去，当年的提督衙门在现在的建筑面前，显得分外沧桑，残砖破檐上刻画的辉煌，不再有当年的鲜艳。

这时候，飘洒的雨水，竟然也有了些许得意，翻滚的海涛也逐渐变得平静；刘公岛似乎比以前要沉稳了许多。

倒是过往的游艇汽笛显得有些嚣张，不时在大海上呼啸：嘟！嘟！

（写于 2007 年）

蓬莱寻仙

时值9月，进入青岛境内，气候骤寒，过八达岭，上刘公岛，一路雨水淅淅沥沥。中华民族多年的屈辱不时在脑海回放，百年耻辱的印记不仅留在脑海，还一一刻画在沿途。

滴滴答答的雨点，就像伤心的泪水，时时刻刻敲打着我的心，让内心的澎湃更加汹涌，更加感受到自身存在的苦难、煎熬，甚至让我无法忍受，不得不理解生活在乱世的人们为什么不去抗争，而是要一次又一次去寻找那安乐的桃花源，据说桃花源里只有欢乐，没有痛苦。

尽管，现在很多人说，桃花源是人们饱受生活、情感的折磨时，渴望有的这么一块乐土，让他因此可以享受欢乐与幸福。这是逃避的弱者的想法。而我以为，当煎熬无法避免时，死亡也是一种抗争；但我又以为生命是可贵的，因此，可以追求理想的、桃花源式的神仙生活。

追寻无忧的神仙生活，不仅是平常人家的理想，也是独裁者的目标。远去蓬莱寻找仙界，找寻成仙的良药，自然不是我的首创。

那是独裁者想永久独占世界的一贯想法，那是对世界大一统的长治久安的思维，是大手笔。与之相比，我远去蓬莱寻仙的思想可谓卑微。远去寻仙，我只是思想能否过得逍遥，能否过得快乐，能否免去病痛之苦，能否免去竞争之手脚，免去眼睛、耳朵遭受的苦难。

做自己想做的事情，说自己想说的话，就像在想象中的桃花源里，人们过着自由而有尊严的生活，平静而幸福。虽然，这只是陶渊明先生给活在战乱时期人们的一个梦想，但这个梦却给人很多遐想，很多渴望，不仅让自然人向往，也让社会人向往，有人为之奋发争取，有人以此逃避纷争。哪怕存活在梦境的世界，只一刻都感觉幸福，一觉醒来，纵然是要面对残酷与现实也无谓。

现实中，压抑的生活，繁杂的社会让人们不得不向往那神仙般的生活。无论是处于对霸权的终极占有欲望，还是对于生命的热爱，对于自由生活的向往，寻仙的活动在蓬莱持续了千年之久。秦皇汉武时期政权高度集中的时候，这样的活动达到了鼎盛。

2007 年的秋天，天色阴沉，我也加入到寻仙的行列。我不知道人们会不会像批判陶渊明那样批判我“逃避现实”，但是寻仙之旅已经开始了。正如秦始皇帝追逐长生药那般执着。

搭乘汽车前往蓬莱时，心里竟然莫名地忐忑不安。离开城市，汽车撒欢地奔向蓬莱。走到海边，靠近海岸线，汽车与大海平行。贴近大海，心情豁然开朗，就像徐福突然找到了航海方向一样。

蓬莱自古被誉为“人间仙境”，是神话中仙人居住的三座神山之一（另两座为“方丈”、“瀛洲”），早在秦始皇之前就流传于世。秦始皇在始皇二十八年（公元前 219 年）东巡时曾往胶东寻仙，过黄陲，到成山，登芝罘。他东巡的目的是为寻找神山，求长生不老药。传记解说：秦始皇站在蓬莱海边，只见大海一望无际，不见神山的踪影。忽在波浪中发现一片红色，便询问身边方士。方士回答说是仙岛。始皇又问：“仙岛叫什么名字？”方士仓促之间，无法应答。突然见水中海草随波飘动，灵机一动，用草名答道：“那叫蓬莱。”蓬莱从此得名。

史书记录，秦始皇五次出巡，三次前往蓬莱；汉武帝八次东巡，七次前往蓬莱，其中第五次出巡时筑城并命名为蓬莱。徐福、韩终、卢生等入海采药，找寻“蓬莱仙人”，这些入海求仙的印记，深深地印在历史之中。

更早的仙境记载目前没有看到，只有《史记·天官书》首载：“海旁蜃气像楼台，广野气成宫阙然，云气各像其山川人民所聚积”。直到宋代，这样的仙境才被人解释，沈括在《梦溪笔谈·异事》中这样写道：“海中，时有云气，如宫室、台观、城堞、人物、车马、冠盖，历历可见，谓之海市。”陆容在《菽园杂记》中写道：“观此所谓楼台，所谓海市，大抵山川之气掩映日光而成。”于是，秦汉方士指为神山，山上住着仙人并长生不老的神话被击破。

那个时代，成仙思想的核心是不老不死，它源于神话思维，正式形成仙人、神话却是在阶级社会。仙的原型是人，仙是人的理想化，仙境是人生的理想阶段，其中心围绕着人的活动和欲求而成。战国时期，中国战事不停，人们生命没有保障，于是渴望有一个超尘脱俗的仙境，既能远离战火之害，又可修身养性，延年益寿，便在神话幻想的启发下，想象出一个仙界。

秦统一中国以后，最高统治者为了能永远享受舒适的生活，更希望长命，甚至不死，于是自上至下掀起了狂热的神仙信仰。由巫士转变而来的方士们，其中一部分是对当时文化很有贡献的知识分子，也有一部分是为了自己的名利，不惜去迎合最高统治者，大肆宣传传闻中的海上蓬莱、方丈、瀛洲，这便是东方的“三仙山”，也有“五神山之说”，总称为东方的蓬莱仙境。

战国时期的齐威王、齐宣王与燕昭王，以及秦始皇、汉武帝都曾劳民伤财地派人去寻找蓬莱仙境，但没有一个人真正到达过，不是“三仙山”隐于水下，便是因大风所阻，半途而返。

眺望大海，远望天边云彩与滟滟水色交融，我寻思着海市蜃楼的繁华，想象着世外仙境的逍遥与洒脱，希望交融的水天能够给我一些启示，让现实的残酷与市侩远离我，不再为工作量苦恼，不再为取宠领导而费心，不忧心下岗，不担忧生不起、病不起、死不起，可以听着水声、风声、琴声，过着恬静且安逸的生活，面对沾满铜臭的货币时，能淡然一笑，挥手而弃。

蓬莱岛前留个影

因此，距离蓬莱越来越近，我心里的激荡变得异常汹涌。走进蓬莱时，我看到的是一座港湾，一座远航的港口，仿佛也看见了当年徐福的模样：徐福带了数千童男童女，疾呼登舟，浩浩

荡荡，远去蓬莱寻仙，来到这濒临渤、黄两海，与朝鲜半岛隔海相望的蓬莱之后，便销声匿迹。有人说徐福远渡重洋而去，有人说徐福遇仙得道了，还有人说徐福在大海中沉亡。

虽然我们不能像徐福当年那样远渡重洋，侨居异国并繁衍后代，或遇仙得道，但飞翔的心已经飞越大海，在寻找心的家园，寻找心的安乐窝。当年徐福登舟的渡口不见了，曾经的帆船也不复存在，只有两三个传奇故事在大海边小店的小礼品中展现，只有两三个脍炙人口的经典在海岸边传播，只有一座座飞檐雕花的楼阁在海边屹立，一个个形似仙境的园林庄园呈现着人们的向往：安逸、静谧。不见办公室内的尔虞我诈，你争我斗；不见市场上的真假颜色，虚与委蛇与虚假奉承。仿佛所有人提在嗓子的心都放下来了，面色与心跳恢复正常。

一车沉闷，人们各怀心思。

“咯，海市蜃楼。”也不知道是哪一个直爽人，一语道破了大家的心事，车上、海岸边数百道目光齐刷刷地射向大海深处。的确，那是一行人梦寐以求的地方，大家恨不得立即投入那没有纷争与险恶的神仙世界，不再回来。

也许八仙得道且生活逍遥的故事在陆地传诵得太多，因此，他们远渡东海离开陆地的痕迹，都记载在这里了；也许八仙惩恶锄奸的行为依然是现在人们的期盼，因此，来这里寻找仙踪的人们还是如此的众多，期望找到伸张正义的手段。也许是人们有太多的话语希望与八仙倾诉吧，当人们听导游讲述，海市蜃楼不过是幻境水汽与气温组成的奇景之后，心里的失望立即写在了脸上。

漫步攀沿而上，我们一行人进入了“蓬莱仙境”，各自开启着感官，感悟仙境与神灵，寻找敬畏与释放的心灵，找回原来的自己。按照大家的说法，在现实的世界里，不论是生活还是工作，不论是身体还是心里，呈现的一切都是迷茫，面对的均是茫然。不知道为什么而活，更不知道活着为什么。也许寻仙可以找到一个“解”。

穿过一座又一座的阁楼，走过一道又一道的门庭，大家并没有找到什么启示，也没有找到一个答案，更没有见到仙家遗留的痕迹，只有历代来者的敬仰诗词，墨迹、足迹、心迹与迷茫、困惑交错。寻仙，成了古往今来不堪承受现实与残酷的人们的寄托。

据说，蓬莱阁是蓬莱最富有仙气的地方。传说中的八仙过海，便发生在此间。

雕花琢云的水城与楼阁多是新建的楼宇，虽然没有岁月的痕迹，亦没有仙人气息，但对于痴迷于寻觅仙迹的人来说，仍不失为一处值得赏玩的风景。布满浓荫的小道，将一座座屋舍串起。高大雄伟的庙宇，小巧灵气的无风亭，以及蓬莱阁最主要的建筑———位于丹霞之间的蓬莱阁，将这临海之处装饰成人间仙境。当朦胧烟云蒸腾时，蓬莱阁被萦绕其间，仿佛成了空中的美丽房舍，即刻就要遁风而去。

相比各处亭台楼榭，绵延的山崖在大海面前一个收步，变成了带点凹形的绝壁，绝壁下便是万顷碧海。仁者爱山，智者爱水，在这里，一切似乎得到了完美的统一。

也许峭立并远眺的山崖阁楼看穿了人们心思，它们一栋比一栋挺拔，一楼比一楼雅致，仿佛这便是仙家居所，好像来此便能成为仙家。三三两两的行人，或是留影纪念，或是远眺深思，或是追逐嬉笑，或是徘徊楼宇。各自的追求与心思只有自己知道，心中乞求的愿望只能由海风送向远方。

正行间，一道宏伟山门出现，书写“龙门”二字。导游解说，此门有传说，中门为官门，求官之人可进；左门为富门，求富之人可进；右门为贵门，求贵之人可进。于是一行人疾呼入官门，一个个奔袭而去。对于官位与权力的追崇，想是我国古往今来多数人的追求与梦想。不论是正在寻仙的大家，还是在他处奔波的大众，“官”总令人梦寐以求，总有许多人愿意为之放弃许多，哪怕在这“寻仙”的道路之上。在这追求自由逍遥的时刻，“官”亦是如此魅力超然。

与其说大众对“官”着迷，还不如说是对权力的着迷。众所周知，有了权力，自己追逐的自由与幸福很快就可以实现，不论这种自由与幸福是否建立在他人的痛苦与囚禁之上，但他获得了。因此，面对“官”、“富”、“贵”时，大众纷纷抢着挤进了“官”门。

山门之后是一纵庙宇，房屋连绵不绝，盘踞于山石之间。我们和所有远来之人一样，遇庙进庙，见神磕头，遇仙下跪，跪拜祈福，口中念念有词，心里虔诚谒拜。只希望远在西天的诸天神佛，九霄云外的仙家可以感受到我们的祈求，感应到我们的虔诚，按照佛家的说法，“渡我等有缘之人”。让我等寻仙或祈求之人，远离苦难、远离现实，不再为生病治疗发愁，不再为住房吃饭烦恼，不再为工资劳保执气，不再为邻里纷争怄气。

遍寻蓬莱，尽是传说与神奇，唯独仙家神圣的踪迹全然不见。

在阁楼尽头之处则是无垠的大海。站在岛屿之巅远眺，云雾缥缈之处波澜不惊，数只船舶在大海深处航行。

遍寻蓬莱，独不见仙人踪迹，归去的心里充满失落，眼看着往来者熙熙攘攘，站在几乎与大海贴面的廊道里，我回望着雅致的阁楼，悠闲的境地、缥缈的烟云、玄幻的海市蜃楼，不过是来往奔波着、追逐着幸福与自由的人们的精神寄托。与其说来蓬莱寻仙是寻找自由与幸福的境地，还不如说是人们饱经沧桑的心对幸福自由且平静的生活的渴望。

与其说，这是对幸福自由的向往，不如说，这是对残酷现实的逃避。与其说，这是勇敢地向幸福自由的境地进发，不如说，这是懦弱人性面对现实的退却。毕竟，仙境不过是古人构思出来的和平与幸福的境地。就像陶渊明书写的《桃花源记》，仅是思想里虚构的境地，是那时期社会经历太多残酷与苦难后，人们的避世心理。

或许亦可称之为人们向自由与幸福的告白。

（写于 2007 年）

金城记忆

再次回到兰州时，是我已经在北京、深圳漂泊了 4 年之后的一个秋天。

那天，天色快黑了。一块有些沧桑的“面纱”，像兰州贫困居民家中多少年来多次漂洗的门帘，轻轻地掩在兰州的上空，或许亦可以说是兰州的面孔因为夜色变得无奈与苍凉，让曾经在兰州生活多年的我亦喜亦惊。惊的是兰州多年未变，风沙与浮尘并重；喜的亦是兰州多年未变，还是我记忆里的印象。

兰州老街已经在记忆里褪色。古老的河滩上，陆地逐渐多了，钢筋水泥堆砌的楼宇林立；甲壳虫一般的小汽车在沙尘中穿梭，一声又一声的嘶鸣声尖锐而刺耳。土坯矮房成了记忆中的老照片。

走在熟悉的老地方，听着熟悉的兰州腔，闻着黄河上传来的阵阵的河水腥气，百年前筏客子高吼的秦腔调，仿佛又响在耳边；亦仿佛看到他们坚强的身影，从春季猖狂的沙尘暴中穿过。同时，让我想起第一次来到兰州、第一次见识到沙尘暴的情形。

2000 年春天，听着西部大开发的号角，怀着与人放牧、享受阳光与清风的梦想，我悄悄地来到这座古驿金城——兰州。

犹记得那一天兰州狂风大作，摇曳着路边的绿树，旋打着生意人家的招牌，敲打着高挂于树上的广告牌。接着，一阵又一阵的细沙扑面而来，遇缝就钻：耳朵、鼻子、眼睛、发根都是沙尘想钻的地方；然后是衣领、裤角之处。细尘很怕风，风到之处，它们立即溃不成军。片刻间天色昏暗，抿耳闭目，两耳听不见人声，只有那呼啸的风的欢叹；双眼不见人影，眼前全是混沌的世界。

就在天色瞬间变成黑色时，突然一滴泥水猛地砸在我的脸上，如火一般烫得皮肤发痛；然后，又是一片泥水泼身而来，没一会，我白色的衣裳，立即变花。一时间，全城泥水横流，车辆、房屋都像老家刚从泥塘打滚回来的老牛一样，虽然面目狰狞，却是一脸憨厚。

渐渐泥水变得清澈，天气亦逐渐变得晴朗，这时，久历沙尘的兰州人一个个奔出家门，走上大街，贪婪地呼吸着雨后的清新。按照他们的话说，被雾罩子罩着，好久没有见到天了。

兰州铁桥

市民的话并不夸张，根据媒体的报道，兰州市每年有近200天是被这么一层亦白亦黑的“纱罩”笼罩着，让很多市民感觉见一次老天，都是一种幸福和奢侈。

了解兰州的人都知道兰州古称金城，取“固若金汤”的意思，有黄河天险，亦有地理之固，当属“一夫当关，万夫莫开”的关隘。虽是一处群山相间的河沿盆地，但早在大秦王朝时期，这里便有了城寨的雏形，既是后来丝绸之路的重镇，也是关隘重寨，更有历代封建王朝时期通往欧洲大陆的茶马古渡。

远久之时，一个筏客子、一根竹竿、一吼秦腔，便挑起了东西两个截然不同的世界，拉近了黄种人与其他人种的距离。当然，筏客子断然不会想到他肩上的担子，只是乐天地与古渡、与黄河谝着不变的家长里短，世界的距离也就是在这家长里短的亲切中，淡然拉近了。

不论是悠然的驼队，还是清苦的唐三藏，谁也记不起金城古渡了。到了21 世纪的今天，还是如此。没人会记起中国的几何中心在哪里，没人会回想起百年前孙中山先生的建都计划。只有一天比一天强悍的沙尘暴，让人如鲠在喉。

到经济发展的今天，兰州城前边有一家钢厂在作业，其浓烟正好锁住了兰州东出口，后边有几家石油企业开工，其浓尘便锁住了西进口。于是前有“堵兵”，后有“追兵”的兰州，便被雾锁了。后来，兰州市政府提出了“蓝天工程”计划，声称要让兰州人重见天日。只是我想不到，4 年过去了，兰州还是兰州，沙尘还是沙尘。沙尘滚滚，劈头迎面而来，恰比当年“一夫当关，万夫莫开”的神勇，只是往日的“一夫当关”为造福满城父老，现在的“一夫当关”却是祸害满城的乡亲，令人长吁短叹不已。

我收回思绪，沿河而上，百年铁桥苍劲地跨在大河之上，经受桥下欢腾的浑水冲击而巍峨地挺立着，仿佛有一种莫名的力量存在，让它一直在吃力地扛着亦灰亦白的、浑浊的天空，扛着高跟鞋与皮革的狂踏，扛着草鞋、皮鞋主人从此跳入大河之中后的沉重，记录着人的最后咏叹、无奈与辛酸。

和很多国际都市相比，从黄河铁桥上跳下的生命不算多。在深圳，有一种说法是每天有一个半人从空中跳下，由此，便有了“请勿高空抛物与抛自己”的“笑谈”（实际上，“笑谈”并不可笑）。因为患得患失的人的追逐，因为卿卿我我的别离，多少年来，投河者“前仆后继”，不管河床是干枯还是有河水奔流不息。不管他们决定要走向地狱还是天堂，挥别他们守候的人生时，总有那么一些勇敢与真挚的瞬间。

可惜这一幕幕只有铁桥目睹、经历了，然后默默记忆着。当然，经历与目睹的还有两岸不远处的南山与北山，尽管它们曾经是森林茂盛，后来却变得寸草不长，尽管现在它们长出了“短发”，但流经的黄河水淡然如旧。只是偶尔遐想两山葱郁以遮蔽天日的场景，大河之水也只能发出悠长的叹息。

在兰州，能够让人记忆的不仅仅是沙尘暴，还有水车与筏客子，相比于时下满街飘香的牛肉面，这些可谓是老兰州千百年的名片，也是老兰州深锁在抽屉里的老照片。尽管时下的河边也有一片水车在搁浅，偶尔也会见到一

两个筏客子在河边漂泊，但相比于那如同铁桥一般伟岸的黄河人的背影，这些可谓相去甚远。

即使站在铁桥上，望着那咯吱咯吱的水车与在河中打转的羊皮筏，思念的还是那葱翠的两山、高亢的秦腔与翻飞的水车。眼前的场景，只会因为那灰白相间的上天与沙尘，让人不能开怀，让现在的、曾经的兰州惊掠不定。

沙尘暴来咯……

（写于 2009 年）

正　气　歌

1

相比于火山口以及休闲公园，海瑞墓作为海口市的人文景区，显得格外落寞，不仅门庭冷落，而且破落陈旧，一段空心水泥砖砌的石墙后面，“粤东正气”四字牌匾，寂寥地竖立其间，恰如目前物欲横流的社会上正气萧条的状态一般，四字牌匾孤零零地挂在单瘦的木柱上，尴尴尬尬地摆在世间。

海瑞墓碑

开敞的门庭，已经显出破败的架势，一侧厢房的小窗户上，写着门票价格“一张 5 元”，对应着书写的“粤东正气”四字。小厢房的侧对面是一个展馆，里面展示着“海笔架”一生的经历，更展示着正气的书写与价值。

绿树荫荫，廊房静立，孤坟戚然耸立。一座正在施工的凉亭，破破烂烂地展现着。1982 年，重修海瑞墓时，主墓修复为直径 3.3 米，高3.5米，墓前一石龟驼一刻石碑，碑上写着“明皇敕葬资善大夫南京都察院右都御史赠太子少保谥忠介海公之墓”字样，少保公石雕耸立坟后，就像当下仅存的一丝正被各种各样的形态侵蚀的正义，屹立人间。

相比喧嚣的都市霓虹灯下的浮躁，水泥森林里的“裸奔”，海瑞墓以及海瑞伸张的正义、保存的正气是寂寞的。也正因如此，尽管车流人潮从其身边穿过，却留不住行人的匆匆脚步，甚至回眸。

同行的英籍华人连祥先生说得好：“浩然之气，不仅长存，且能蔓延增长，仅一丝也能燎原。”仰视着屹立的海瑞雕像，如同仰视着向往的正气，尽管世间已经罕见，尽管已经被物质与病态包裹，我依然向往之。

2

所谓正气是什么？没有人知道，至少我没有看见过。仅有医学上这样阐述：正气，乃人体对疾病的防御、抵抗和再生的能力。我个人的理解则是，正气，是社会人对于社会存在的丑恶、邪恶现象的防御、抗击的力量。

恰如文天祥《正气歌》中所述：“天地有正气，杂然赋流形。下则为河岳，上则为日星。于人曰浩然，沛乎塞苍冥。”文天祥讲述的浩然之气，在追寻的途中，我没有看到，在这书写着“粤东正气”的庭院内，也仅仅看见了“正气”两字。正气，世间少有，仅依稀记得儿时父辈讲述“邪不胜正”，但“正”或“正气”是什么？至今不知道，恐怕也只能在偶尔的文字之间猜测了。

不过，在海笔架的人生轨迹中，从他刚正不阿的身影中，我似乎看到正气或正义的踪迹。

海瑞40岁中举后，最初在福建做官，从知县到入阁为相，海瑞大胆革除弊端，惩办权奸，为民请命，平反冤狱，深得民心；秉公执法，打击贪官污吏，使骄奢淫逸之风大为收敛。

海瑞居官清廉，刚直不阿，深得民众的爱戴与尊敬，很多百姓甚至制作他的像，供在家里。海瑞，成为世间民众口中正义的化身，正气的楷模，也成为中国历史上正义的象征。

3

海瑞墓的修建，可谓曲折艰难。

弥难从那场动乱开始。那是一个颠覆人性的时代，也是一个“怪兽”横行，良知、人性泯灭的时代。有人称那是一场浩劫，在这场浩劫中，正义死了。

1966 年 11 月的某一天，《评新编历史剧海瑞罢官》文章问世后，一群“红袖章”来到海瑞墓园，声称要“破除四旧”（即破除旧思想、旧文化、旧风俗、旧习惯），砸毁了园林廊房之后，这群人依然不解恨，开始扒土掘坟。只是他们想不到打开坟墓之后，在墓里仅仅发现几绺头发、几颗牙齿、几根残骨和几枚铜钱。几枚铜钱一碰就碎作了粉状，于是，那几缕海瑞的头发、牙齿、残骨成为他们泄愤的对象，他们将这些海瑞遗物放到一个盒子里游街示众。

到最后，这些人歇斯底里地将头发、骸骨焚烧扬灰。在通讯不发达的当时，这里仅是一隅场景而已。事实上，在中国大地，不论是城市，还是农村，不论是数千年前的文明，还是当代的文明，都遭遇着一场空前的劫难：“打砸抢”成为理直气壮的行为，破坏与毁灭成为不容分辩的主题。

正义成为自然而然的目标，正气成为可以随地践踏的靶子。

在历史上，伍子胥将楚王鞭尸是为家仇，海瑞在千年之后遭遇挫骨扬灰又是因为什么？难道是国恨家仇？还是正义与丑恶的战争？答案可想而知。

人人皆知正义已死，人人恐惧正气死亡，但人人不为所动。最后，海瑞墓只剩下一座空坟，一座没有了遗骸、没有精神、没有正气的土堆。

接下来的事情不论怎么演变，都不会让人奇怪了：海瑞墓冢原是一片高岗之地，后因生产发展，高岗地被铲平开垦。海瑞墓前的丘海大道原有一处面积约 1000 亩的池

海瑞雕像

塘，以后因修筑疏港而被填埋。如今，又因城市规划改为交通大道，也被夷为平地。

从此，正气与正义成为缥缈的幽魂。直到 1983 年，被毁的海瑞墓主墓重修，1996 年 4 月，海瑞墓扩建，增辟了海瑞纪念园。

海瑞纪念园逐渐正气聚集，每年农历 2 月 20 日海瑞祭日，一些渴望正气、向往正义的民众就会前往墓前祭祀，祈祷清正廉明世道来临，祈祷正义、正气覆盖世间，不被邪恶缠绕。

（写于 2012 年）

勒巴沟：洗涤心灵的地方

总想用一段文字祭奠那一些日子，那一些不知名的人，那一个已经改变模样的地方。但时间一点一滴流逝，我却无法用文字堆积起对青海玉树的思

寺庙前的玛尼石

念，无法洗涤我的心灵，无法让心灵安静。

1

勒巴沟的名称，第一次听闻，是由一个卖石头的新疆人讲起。在他的讲述中，勒巴沟是一个鲜花漫野、圣洁纯净的地方，它和玉树紧紧依偎在青藏高原的周围。

在他展示的石头上，我看到的鸡血石、玛瑙石、祖母绿等每一块石头，都是纯粹的色彩与质地。用他的话说，别人的石头能唱歌，勒巴沟的石头会唱诵经文，可以洗涤心灵。

事实上，这里的石头是卖石头人赶集的热衷。地底下的、河床上的石头都是石头人的最爱。不过，勒巴沟的石头，一般情况下没有人会去动。用当地人的话说，这里的石头都附注了神灵，因此每一块石头都有灵性、会唱诵经文。

传说是这样的：在雪域青藏高原居住的人们，对变幻莫测的大自然充满着敬畏、崇拜和依恋，大至山川、小到木石都成为人类的保护与破坏之神的寄寓之所。他们磨石斧以狩猎，凿石锅以煮食，垒石屋以避寒，佩石坠以驱邪，所以他们维系着长久不衰的巨石崇拜与灵石崇拜。

散落在高原的摩崖石刻、玛尼石堆，是这信仰的体现，是人们对原始神灵，主要是山神、战神的崇拜之地，是人与神进行对话之所在。

勒巴沟不仅玛尼石漫山遍野，而且自然风光神奇迷人。但在当地人们的眼中，这是一条流淌着文字的河流，会唱诵经文的河流。

勒巴沟实际上就是一条玛尼石遍野的山谷。玛尼石有的昭示于天日之下，有的浸润在涓涓流水之中，有的掩映在绿草翠叶之间；涓涓溪流从谷顶到谷底静静地流淌着。这也是唐代文成公主进藏的道路。勒巴沟口就有一座文成公主庙，庙宇周边随处可见六字真经石刻和玛尼石。

史书记载：公元 641 年，文成公主进藏和亲，经过勒巴沟一带时，因为当地僧俗群众诚意挽留，在勒巴沟作了短期停留。其间，文成公主命随行的工匠在勒巴沟岩壁上雕刻了 9 尊佛像以及佛塔、经文。

公元 710 年，金城公主赴藏和亲途经勒巴沟时，见文成公主进藏时雕刻的佛像受到风雨侵蚀，于是进藏后，派人到勒巴沟修建佛殿，将佛像加工细刻，并将修建的佛殿命名为“昂拉昂则拉康”，意为“大日如来佛堂”，当

地群众俗称之为“文成公主庙”。

传说，自两位公主进藏途经勒巴沟以后，藏族群众为了纪念两位公主，开始在勒巴沟内刻制玛尼石，所以，勒巴沟内保留了自唐以来的玛尼石，堪称一绝。

偶尔，还会遇见用身体丈量着道路前去敬佛的居民，他们口中默念经文，一步一拜，面目虔诚。

2

一个风和日丽的日子，在当地朋友老黑的带领下，我们沿着盘旋的山道，带着虔诚的心往勒巴沟而去。

高原的山岭，少见森林树木，漫山遍野的无名花草，散发着芳香。一路上但见玛尼石惬意地躺在山岭上、道路边、树荫下、溪水里、山涧边。风中除了芬芳，还有一些带有灵性的信息传来。心灵在芬芳中、微风里被悄悄地洗涤、净化。

老黑说，大唐时期，文成公主进藏和亲，走的就是这一条道路。勒巴沟临近结古寺，紧挨玉树城。如今不仅是当地的风景区，更是当地的避暑胜地。走在山谷，我静心聆听着玛尼石从风中、阳光中传递而来的六字真言：“唵嘛呢叭咪吽”。

玛尼石堆和玛尼石一样散落在山岭、溪流中，六字真言在水中若隐若现，每一秒水流中，都能看到闪烁的经文。清风中，六字真言四下散扬，每一阵风中都能聆听到经文梵唱。途径的人们经过玛尼石堆时，双手合十，并放上新的石块。老黑解释说，每当人们经过玛尼石堆，添上一块石头，便是唱诵一遍经文。事实上，玛尼石堆就是这样堆放而成，有的石堆几百米长，数十米宽，有的甚至形成长巷。

在老黑的讲述中，玛尼石分为六类：佛菩萨与高僧大德造像、本尊护法神、忏悔与发愿、符咒警句、整章或段落经书、供敬品。一般的忏悔玛尼石正面是一句或连续不断的六字箴言与动物形象，背面往往刻一行忏悔话语款识，以文字为主，图像为辅，忏悔在耕作或游戏时不慎踩死一只虫、蛙之类的小生物。

而玛尼石堆最直接的意义，就是祈福、禳解和供人们转经礼拜，随时匡正自己的思想行为。在远离城镇和寺院的乡野村寨，玛尼石堆更是当地人们

匍匐朝拜

精神生活不可或缺的所在。因此，在老黑和他的乡亲眼中，只要持之以恒地日夜默念刻写在石头上的六字真言，这些石头就会有一种超自然的灵性，就能消除一生罪孽，给他们带来吉祥如意。这也是老黑和他的乡亲的信念。

穿过怡人的自然风景区，穿过文成公主庙，穿过一块块有灵性的玛尼石，我的心被洗涤洁净，变得明净光亮，匆促的脚步变得缓慢而轻快，我的身体也变得轻松愉快。

3

2010 年 4 月 14 日上午 9 时 9 分，青海省玉树县发生地震。其时我在深圳，一个远离玛尼石与经幡的地方。原以为已经遗忘了玛尼石与经幡的我，被大地震再次挑动神经，被莫名的力量召唤。

下午 14 时，我已经在深圳救援队中，与战士们集中赶往广州白云机场，和广东省武警总队战士集合，赶赴玉树灾区。我的目标只有一个：飞到玉树，帮助需要帮助的人。因此我准备了足够的干粮和水。

费尽周折，经过新寨玛尼石堆、赶到玉树时，一堆废墟出现在眼前，一堆惊慌、一堆紧急、一堆关切、一堆温暖也闪进了我的眼中。这里与新寨玛尼石堆相距大约 15 公里，与勒巴沟相距大约 30 公里。这一刻却在这里划分为天堂与地狱。

玉树玛尼石

我们一行多人，白天，穿梭在玉树街道、乡村的废墟、人群中，记录、刻画、援助，并拿出了我们内心深处的爱和无私的真情。晚上，我们忙完工作、糊弄了自己的胃后，或是挤在车上，或是挤在别人的帐篷里休息。早晨天刚刚亮，我们喝完一口热水之后，一边

咬着方便面，一边快步出发。

我们在每一堆废墟里找寻希望，在每一个希望中找寻生机，在每一个生机中找寻机会。我们记录着每一刻的感动，记录着每一滴的力量，记录着每一个瞬间。从跑马场到结古寺，从县中心饭店到每一条小巷，我们记录着一双双伸出的手，一张张真诚的脸，一幅幅感人的场景。

夜幕降临后，除了忙碌抢救的人们外，守在废墟的居民，有的转动经幡，有的双手合十默诵经文。深夜里唱诵中，这片废墟中的慌乱与惊悸变得宁静安详，残暴与裂变的天际与大地变得和睦。

根据媒体报道的公开数据，这一场地震有 2000 多人遇难，1 万多人受伤，城区 90% 的房屋倒塌，造成当地居民重大经济损失。

其间，我又去了一趟勒巴沟。山谷依然宁静，玛尼石还在风中、溪涧里唱诵经文，山岭上除了几条难以分辨的缝隙，勒巴沟安然无恙。但是在勒巴沟停留的几分钟里，我感觉到了它的沉重，感觉到了它寂静与悲天悯人的心怀。

山花还没有绽放，风声中传来溪涧的梵唱：“唵嘛呢叭咪吽”。

（写于 2010 年）

寻根谒祖

从鸡鸣犬吠的边远山村，到人迹罕到的崇山峻岭，我不时在追索先人的足迹，传说的神奇。残檐拓片上的只言片语默默诉说着历代的遭遇、文明的踪迹。

回归所谓现代文明、繁华的城市时，目睹了钢筋水泥森林中人类的怪异行为、扭曲的形态和灵魂之后，我期望能找到一个样板、一个足以鼓舞人心的文明模块，让人们在迷失的城市森林找到一个真实的人生、一个方向，或是见识到文明的真谛。

天下“李”姓出甘肃

有调查显示，在世界各地有1亿多人姓李，他们声称，他们的始祖发源于甘肃，甘肃陇西县有他们的祖祠。现在甘肃陇西仁寿山的陇西堂、李家龙宫，每年要迎接谒祖寻根的李姓人10万多人次。然而，陇西昔日繁华已不复存在，尽管李氏文化根深蒂固，依然在寂寂中落寞。

从兰州乘车出发约5小时，便可以到陇山以西、渭水河畔的古陇西部，今陇西县城。在陇西县城有一座雄伟的威远楼，与它遥遥相望的是陇中闻名的文峰塔。威远楼南有仁寿山，北有李家龙宫。相传陇西在唐代时，是陕甘首府、甘肃省省会前身、李姓望亭。天下李姓之人皆称出自陇西郡，并有“天下李姓尽望陇”的名句。

李姓“根”在陇

商王朝以前，李姓人世代为官“大理”（古代掌管刑法的狱官长），并以官名姓“理”。商纣王时期，理氏皋陶不为纣王所容而遭杀害。其妻儿则亡命天涯，后来在荒芜的地带逃过追杀，并因摘食野果，母子性命得以保全，故以果树名而姓李。

皋陶之子便是李姓始祖。之后，李氏家族默默无闻，居住于山涧。直到春秋时期的道家始祖李耳出任朝廷命官之后，李氏一族才出现仕途。李耳后人李崇仕守陇西，被朝廷封为南郑公，成了李姓陇西户始祖。隋朝后期，出生在陇西古城纪、镇守太原郡的李渊父子统帅10万陇军一统天下建立唐朝以后，李姓便达到了鼎盛。

唐太宗李世民以天下为李姓，诏令天下李姓以陇西为“郡望”，并在陇西修建李氏龙宫，占地 2 万平方米，分建南极宫、北极宫，三年一大祭；对臣民广赐李姓，致使许多家族附姓、改姓，天下人皆以李姓为荣，从而出现了多民族的融合，以及李姓的繁荣和壮大。从此，天下李姓之人以陇西为故里。

世代居住在陇西县的李恭德说，如果在陇西县城内修建房屋，则挖地三尺尽是残碎的瓦当、瓷器、旧木片。李家龙宫占现在县城的 2/3，只可惜，现在再难见往日的雄伟了……

“我李百万叶”

“我李百万叶，柯条遍中州……”唐代大诗人李白曾为李姓大放诗兴，歌咏李姓之壮大。其实李姓又何止百万、遍及中洲呢？在闽、澳、台、港及东南亚各国的李姓人家中，许多家都有“陇西堂”的匾额，每逢过年过节便在“陇西堂”的牌位前缅怀故里，遥祭祖先。

在李姓有陇西房始祖之时，也有了河北赵郡的赵郡房始祖。陇西房之后又分为 39 房，赵郡房则分为 6 大房。汉代飞将军李广、西凉武昭王李崇等都是陇西房人。

唐王朝鼎盛时期，在朝廷担任过宰相的赵郡房李姓人有 13 人，陇西郡房李姓人有 10 人，诗人李白、李贺、李商隐，为中国小说创作奠定基础的李朝威、李公佐、李复言等人都是陇西房人。有关资料显示，在中国历史上，有 60 余名李姓者称帝为皇，先后建立了 12 个政权王朝。

从古至今，由于战乱、官迁、游学、经商等多种原因，李姓人曾经频繁地迁移到全国乃至世界各地。南迁最为庞大的一支李姓人，以宋朝李火德为最。现在南方的李姓后人均称，李火德为南方李姓人的始祖，现在闽、粤、浙及港、台等地的李氏家族，也是李火德的后裔。近年来，美国、日本、加拿大等国以及东南亚、欧洲各国的李姓华侨寻根溯源，都归于李火德门下。

据李氏文化研究会有关人员介绍，1990 年第四次全国人口普查中，李姓人约占全国汉族人口的 7.9%，累计全世界李姓人口超过 1 亿，李姓是中国第一大姓氏。

陇西寻根

2002 年 10 月 26 日，穿过狭窄的街道、低矮的民房，经过一所学校，我来到了早已面目全非的李家龙宫，昔日森严雄伟的大门，如今只由两扇小木门代替。两三个蓬头垢面、衣衫不整的儿童，在冷冷清清的李氏龙宫内戏耍，两个油漆工正忙着给大殿喷漆，几所殿堂大门紧锁，从窗户看进去有一些修复的泥土之身。只有院中的龙树根盘枝张，做出一副要腾飞的样子。

两个油漆工介绍，原来李家龙宫是和隔壁学校同一个院子，现在隔开修复已有一段时间。平常都有李家的人在看守龙宫，接待来访或寻根的人。他们说，到明年，李家龙宫可能会以新貌接待来宾。

与李家龙宫相比，仁寿山的陇西堂则显得气派多了。

“登山仁寿兮，览陇山渭水；临堂陇西兮，阿林秀美。嬴氏李姓兮，枝开百万；谒祖溯源兮，陇西望亭。”登山作赋，寻访李氏根源，自然会去仁寿山，山中不仅风景秀美，而且有记载嬴氏李姓演变的陇西堂和李世民御封的陇西堂郡。

据了解，历代李姓人祭祖主要就在这里。

院内亭台楼阁林立，花草树木繁盛。负责售票、接待的工作人员告诉我，从 1984 年开始，便有各地的李姓人到陇西堂祭祖，1992 年，陇西堂相继成立了李氏文化研究会，1995 年，陇西李氏研究会访问了香港、澳门以及新加坡的李姓文化研究组。到目前为止，已有世界各地的 80 多个李氏文化研究组织，以及我国各省、市、自治区的李氏文化组曾来陇西祭祖。工作人员说：“现在每年农历的 4 月 18 日都有 10 多万人在陇西祭祖，场面宏大。”工作人员还谈及李姓人来陇西寻根的一些故事——

1987 年，台湾《自立晚报》记者李永德等人到北京访问，当地记者问他为何来大陆采访时，他回答说，他是客家人，远祖在陇西，自小就有到大陆的想法。其后不久，又有几位李姓台胞，自发地来陇西寻根祭祖，并在陇西永吉乡李家沟山头的李靖庙遗址焚香谒拜。同年，日本的李秀莲（日本名富田秀子）携子女到陇西祭祖，回日本后，她来信说，在陇西像回到家乡一样受到亲人接待，心感温暖，爱乡之心油然而生。

我还到了解到，李氏文化艺术交流会为陇西引进 1.9 亿元资金，正在重点修复李家龙宫的基础设施。

后　记

李氏文化发源于甘肃陇山以西、渭水河畔，是甘肃四大古文化之一，也

是我国传统文化的重要组成部分，对我国历史和现代文化建设具有极大的影响。然而与敦煌文化、拉卜楞寺藏传佛教文化、天水的伏羲文化相比，李氏文化虽然文化底蕴同样深厚，但是，现在的规模却逊色多了。

李家龙宫虽然说是在修复，但是它不仅规模小，而且欣赏价值也低。暂且不论它以前庞大、雄伟的殿堂规模，也不说它现在的荒塌和简陋；就说它稍大姿势的龙树，也没有了那种雄浑的君临气势。

在中国历史社会的轨迹中，氏族文化对社会进程有着不可忽视的影响，不论是封建王朝还是所谓的“理想主义社会”，影响当时社会经济进步的往往是氏族的文化、精神与经济力量。很多时候，这种氏族集团或力量以强大的优势或能量影响着社会发展或左右着局势方向。

不论是冷兵器时代，还是现代社会，氏族人才、经济力量以及庞大的族群人力的集约，都是社会中一个不可忽视的力量。就拿近现代社会而言，权贵资本力量也就是几大家族而已，他们掌握的却是整个社会资源中的绝大部分，比如民国初期的“四大家族”，就是掌握一个国家或影响民族命运的力量。

李氏家族在历史进程中，有过巨大的无与伦比的力量，但那是“家天下”的时代。相比于时下集团利益与集团天下的时代，氏族文化能有约束力，不论是内心，还是外在。因为在氏族文化中，家族伦理、社会伦理的存在，对荒诞与怪异的事情有着一定的威慑与制约力；而在集团利益中，因为没有伦理约束，相互牵制的仅有“利益”两字，或是践踏他人权益，或是掠夺他人利益，且均是短期性的践踏与掠夺，为此其行为更为无畏和疯狂。

在李氏文化的调查中，我看到了氏族文化中家族伦理与社会伦理的关系，看到了这种伦理关系对于人心的约束，对于未知力量的敬畏，更看到了理性尊严与对生活的尊重。有时，我想，如果这个社会氏族林立，法制健全，或许抗衡暴力与不公平的第四种、第五种或许多种声音均会存在，社会对人的尊重可能会更加普及，中华民族传承的孝、悌、忠、信、礼、义、廉、耻或许更能发扬光大。

（写于 2003 年）

复　　兴

1

2009 年 11 月3 日，“中华唐氏宗族文化研究会”及其常设机构在香港九龙旺角正式注册为“中华唐氏企业联盟战略发展投资有限公司”旗下机构，意味着中华唐氏宗族文化研究会成为一家合法协会。

这是中国内地一个庞大团队建设的标志，也是中国为数不多的氏族团队建设。中华唐氏宗族文化研究会实质上仅是整个团队的一部分，另外还有一个主体则是中华唐氏企业联合会，这两个民间团体联系着中国唐姓 1200 多万人。这是一个以氏族文化为纽带，经济发展为依托，文化与文明复兴为目的的民间团体。

看上去这是中国不到百分之一人群的举措，事实上，在中国，已经有多个氏族文化团队在以这样的形式为中华民族的文明复兴努力。

追根溯源，20 多年前，湖南新化县的唐友士老人与他的唐宗兄弟开始研究中华唐氏族史。他们利用闲暇时间，专门赶赴唐姓人比较集中的地方，考察与调研当地唐姓人的生活轨迹、文化形态、经济发展等。先后动员召开了 13 次交流座谈会议，并且编撰出版了 4 册唐氏家谱汇编，对氏族文化的保护与弘扬起到了积极的作用，并召唤了更多的人加入氏族文化的复兴之中。

2

事实上，经过唐友士老人 10 多年的奔波、13 次的交流座谈，唐宗氏族文化逐渐汇聚成河。唐友士老人一点一滴的辛劳不仅汇成感动，还召唤了更多有激情、有理想、有文化、有抱负的唐姓人群。

在采访中，我看到了这样的一些片段：2007 年 10 月 26 日，在广西玉林市，全国十几个省 50 多个县的唐氏宗亲团聚、交流，数典而上，血浓于水的情感将从未谋面的人联系在一起，并真诚相待。

这个家族复兴史是这样展现的：2008 年 10 月 26 日，全国 14 个省、市的 397 名唐姓人在湛江吴川和雷州召开全国唐氏宗亲代表会议，推选了中华唐氏宗族文化研究会的常务工作人员，并就唐氏族谱的编撰工作，成立了中华唐氏通谱编撰委员会。

2009 年 5 月 1 日，中华唐氏宗族文化研究会第十六次暨常务扩大会议在江苏盐城唐笑集团召开，鉴于唐氏宗亲的许多优秀人员在商界占有一席之地，为了推动唐氏家族企业的发展，便成立了中华唐氏企业家协会。同年，成功注册中华唐氏宗族文化研究会和中华唐氏企业联盟战略发展研讨会。

2010 年 3 月 17 日，唐姓族人在福建莆田召开会议筹集通谱基金，筹得捐款 163.5 万元。3 月 26 日至 4 月初，唐姓族人走访北京、上海、天津、河北、山东、江苏、浙江、福建、湖南、广东 3 市 7 省同宗兄弟，就如何做大企业，活跃地方经济，构建以唐姓族人兄弟姐妹交流合作的家族活动平台，修好唐姓通谱，复兴氏族文化作交流探讨。

2011 年 1 月 10 日，湖南华唐大成投资股份有限公司在广州市华威达酒店成立，10 多位股东融资 6000 万元，坚定地迈出了中华唐氏共同富裕的第一步。2011 年 12 月，唐氏同宗族谱编纂基本资料完成。中国内地各地陆续成立了唐氏宗族文化研究、经济发展分会。2012 年 6 月出了唐氏同宗族谱编清样，预计 2013 年 6 月审核定稿，2013 年 7 月交出版单位排版，按照计划安排，2014 年 10 月，首卷《中华唐氏通谱》将出版面世。

“调查宗祖文化与根源，首先要调查了解当地祖先血脉源流，后裔分布迁徙，现居住地氏族人口数量、支派、源流等基本情况。其次要帮助和促进邻村或其他房支修谱。”唐友士老人这样陈述他的调查经历。

事实上，目前，广东信宜平地唐氏族谱、广东梅州五华唐氏族谱、广西防城港唐氏族谱、安徽砀山唐寨唐氏族谱、湖南邵东黑田铺唐氏族谱、湖南临武小湾唐氏族谱等很多地方族谱已续修完毕。

3

族谱修建仅是唐氏宗族“万里长征”的第一步，按照他们所制定的方向目标，氏族文化是中国社会文化的一分子，氏族文化应该在中国文化复兴或中国社会复兴中起到一定的作用。这是文化的力量，也是大部分氏族文化力量兴起的目标。

回顾历史，氏族文化对于中国社会的影响可谓深远。如史料记述的吴氏泰伯世家，“谦让开拓”四个字的家族文化精髓传颂至今依然让世人景仰。3000多年前，泰伯为遂父志，将周郡国天下让予兄弟仲雍，自己远离家园，来到长江流域当时的荒芜地带，以棚为窝，修剪服饰、头发，与当地居民打成一片，开荒立国。就连圣人孔子看到泰伯的丰功伟业，也为之拍案惊呼：“泰伯，其可谓至德也已矣，三以天下让，民无得而称焉。”（《论语·泰伯》）

凡此种种，道德的力量在中国民间、正史的记载数不胜数。可以说，氏族文化是中华民族文化的精髓之一，也是中华民族的精神支柱之一。事实上，在中国社会改革开放的30年间，之前遭遇破坏的氏族文化、家族文化已经在悄然复兴。不仅唐氏氏族在崛起，同时，李氏氏族、吴氏氏族、米氏氏族、齐氏氏族、杨氏氏族等，家族渊源深厚或者已经觉悟的人们，已经在为氏族文化复兴努力了。

可以说，氏族文化是家族文化精髓的体现，也是家族文化的延伸，是社会文化最早形成体系的文化，是社会文化的支柱体系之一。在封建社会，这是主流文化的一部分，也是影响社会体系的一个因素。

在目前的发展中，血源性与姓氏族谱是氏族文化联系的主要因素，是以文化发掘、经济发展为平台和推手，目的是实现经济发展共赢，追根溯源修建族谱，实现氏族文化复兴，稳固氏族文化精神不死，开拓宗族望族经济文化的繁荣；确保家族利益在和平时期增长、繁荣，动荡时期利益损失最小化。

从唐氏宗亲的行为与文化表现形式中，我们可以看到氏族文化对于社会的影响：在过去的时间里，唐氏宗亲不仅在自己的家乡乡村修路架桥，帮扶乡里贫困人家，还开始组建学校、商团，他们试图用文化、精神的力量改变自己并影响周围的人，同时希望通过经济、物资力量，帮助需要帮助的人。

并以血源、姓氏为桥梁纽带，以氏族文化为平台，实现经济发展、合作共赢以及弘扬传统文明、复兴文化的目标。

4

唐氏氏族文化崛起之时，人们看见姓氏宗族的文化经济也在逐渐崛起。

事实上，每次唐氏宗亲在一起，研讨的话题除了重修族谱，联系远亲近亲之外，更多的是经济联盟与合作，大型企业针对中小型企业的扶持性合作的商讨。在金融领域的交流、文化方面的讨论、生物科技领域的合作、实业家与实业家的强强合作、投资家与投资家的联盟中，唐氏企业在 2008 年、2011 年恶劣的经济环境中度过艰难和风险。

唐氏文化也在一次又一次的整合、征集、研讨之后，逐渐汇集成册，其中有族谱辈分、姓氏根源、名人轶事、宗源支派、祖辈的迁徙足迹和生活故事等；激励后人成长的事迹也流淌在文字之间。

祭奠祖先的祠堂，或在偏僻的乡村，或在繁闹的都市，或在宁静的小镇一一建成；宗亲在清明时，或是万里跋涉，或是轻车快骑，前往祭奠先祖，寄托思念，祝福后来人。

同时，在网站、杂志、报纸、微信、微博等载体里，姓氏文化、宗族文明被关注得越来越多，通过姓氏，相隔数千公里的人家、从未相识的人们变得亲切。从数千年前的血缘里，在似曾相识的恍惚中，内心的彷徨在一路的追寻中逐渐变得安宁，找到了家园。

找到安宁的人都这样信仰着：宗族祠堂是祖先灵魂的安息之所，祠堂内有一种神秘的力量，这种力量凝聚着同姓氏人的心，团结着族人，进而形成一种家族的精神，民族的力量。

（写于 2012 年）

思念母亲

清明时节，踏青扫墓的人们便会勾起我的思念："古时雨纷今泥泞，山坡处处土复新；欲哭无泪多嘱语，千声唤，无处寻，尽是踏青悲伤人。"

1997 年，我还在会同县（湖南的一个县城）做生意。农历十月初十上午，母亲打来电话，说要来看我。下午，家里忽然传来噩耗：母亲去世了。"母亲去世，我成了没妈的孩子！"我嚎哭着。这一刻，忽然感觉回马田老村的路那样漫长，整整一个小时如同跨世纪般难熬。但我终究是回家了，踏着一路泥泞，迟迟地回了家。

老屋凄怆地屹立在雨中，一副棺材列放于中堂屋，母亲单薄的身躯就在其中。如同熟睡，想是不愿看见我伤心的哭泣，不愿听到我嘶声的呼唤；任我嚎哭，也不肯为我抹干眼泪，不肯为我挡风遮雨；母亲嘴唇轻闭，再不愿与我絮絮叨叨，再不肯安慰我的心。

呜呼！我成了没妈的孩子，没人疼爱的孩子。

跪在母亲面前，我开始忏悔我的不孝，我的忤逆：幼不好学，脾气犟逆，少不更事……哥说，妈临终时说没有什么牵挂了，唯担心我夫妻不和。

母亲这般牵挂，教我怎不揪心？

……

一枕楠木，母亲不再，昨日种种皆成过去。跪在母亲灵前，母亲的疼爱又现于我的眼前：幼时出门，不管多远的路程，我或坐在母亲的箩筐里，晃晃悠悠地听母亲讲"狼外婆的故事"、"三娘教子的传说"，唱打鱼郎的歌；或趴在母亲背上，听母亲轻轻地唱着"趴趴背，背三岁；背大嘎（了），莫绰（要）背……"然后，在这歌声中睡熟了。

少小求学时，因家境贫寒惧怕上学，母亲强拉我进学校，进教室之前，一路上循循教导：男儿不读书，怎么明事理？不明事理则是糊涂人。不做糊涂人，便是入学时母亲给我上的第一课。从此以后，我回家的日子越来越少，在外学习、工作的时间越来越多。思念母亲时，偶尔回家探望；更多时候，只能是春节回家和母亲团聚。

离乡后，每次回家，母亲总是远远地迎我进门；出门时，又远远地把我相送，还再三叮嘱：“凡事小心，和气求财，勿以小善不为，勿以小恶为之。”点点滴滴往事，真真切切关情，思思缕缕现来。

母亲这般疼爱，我岂能忘怀？

……

见母亲最后一面时，摸着她的手、脸，那种冰凉的感觉刺痛着我。这时，一滴眼泪从母亲眼角轻轻划落，没在她耳根的鬓发里，在脸庞留下一条浅浅的泪痕。想是牵挂吧，我抚棺嚎哭。

一枕楠木，一捧黄土，平地里崛起一堆土坟，就这样我没有了母亲。跪坐坟前痛哭，我哭得声音沙哑、心绞痛。亲友相劝：勿要悲伤。“可母亲都没了，我能不悲伤么？”

聚散均在瞬间，该走的，都走了。孤零零的我，在冷风中守着母亲的坟哭泣，无可奈何；而孤零零的母亲，却在另一世界的窗口，孤零零地流着泪，望着我伤心，亦无可奈何。

母亲这般牵挂，教我怎不伤心？

……

时过境迁，多年过去，不论何时何地，我总不忘母亲的殷切之情和最后的一滴眼泪。每每想起，总禁不住热泪夺眶而出。

今身处异乡，我唯书诗《吊母》：“四季凄苦数清明，雨里寻亲路泥泞；故里不堪何处觅，老屋墟废谁可亲？堂前曾作儿女嬉，无理偏恼父母心；醒来一觉儿女梦，厅台徘徊游子吟。”

思念母亲，我更思念母亲讲述的点滴和母亲的教诲，渴望母亲讲述中的雷神、山神、树神在冥冥之中存在，并奖善罚恶，让人们的行为有一丝约束，心中有一丝敬畏，独处时，知道举头三尺有神灵的存在，做到为人处世光明磊落。

［外一章］老村

我亦思念那个时代中的关切与真诚、邻里的关心、亲情的真切、友谊的真挚……母亲走后，我开始了漫长的游荡，从湖南到河南，从甘肃到青海，从北京到广东。走遍南北东西，探寻真情与真爱，寻找友谊与亲情。

但能让我思念与追忆的，却只有那偏远的小山村，那个生我养我的地方，那个有母亲陪伴着走过的山山水水，有着母亲讲述、有着敬畏的地方。

……

但2012年之后，这块生我养我的地方将被淹没，这个依山傍水、存在百年的老村，将不复存在。它的名字叫做马田。

很少人知道，这个山村人全姓唐，是同一宗流支派，辈分从“大德为先正，宏才自永昌，邦家应题胜，志世字贤良”。至今已经传了10世。

唐家人勤劳善良，或靠山采薪，或沿河打鱼，唐家男子还是那么勤奋、善良，村里一直流传着“年轻女子莫乱嫁，只嫁唐家渔老大”的歌谣。经

老家旧屋

百年繁衍，小村庄从原来的3户人家到现在已形成一个生产小组，一个五世同堂的大家族。

早在20世纪80年代，便有唐家儿女南下北上奔赴各地，为祖国的建设努力。他们的身影，奔波在各地的建筑、印刷、商贸、文化教育、新闻战线等行业，并奉献着自己的力量。他们远离家园，却牵挂乡亲，心系马田。因为这里将修建湖南省最大的一个水电站，马田这片村庄将被淹没。村里人有的将定居深圳，有的将迁徙他乡，兹此别离。

2012年春节，是这个村庄最后的一个春节。离乡的儿女大多回到了老家，再次探望这里越来越老的亲人，越来越老的家园，越来越多的陌生面孔。故土难离，回乡的、在家的唐家五世100余人在祖祖辈辈耕耘的稻田里，留下了（下图照片）这难忘的时刻。

山村唐姓人大合影

（写于2012年）

后记：呻吟

发现病，是在阅读鲁迅先生《狂人日记》中的一段文字“我翻阅历史一查，这历史没有年代，歪歪斜斜每页上都写着‘仁义道德’几个字，我横竖睡不着，仔细看了半夜，才从字缝里看出字来，满本都写着两个字‘吃人’”。看到这里，心里一阵惊悸，心惊肉跳般的感觉。鲁迅先生如何这般神奇，甚至在好几十年前，便能如此深刻地描述当今这般世道。

也就是在此时，突然发现自己被病菌包围，这病菌不仅将我包围得很厚，且种类很多，有的剧毒无比，有的属于潜伏慢性。事实不断证明，无论是个体还是整体，这些病菌都足以致人死命，不仅包围我个人，而且有蔓延之势，在人世间蔓延与扩张。

我发现病菌之后，开始四下里与人讲述病之利害，病之猖獗。奈何我被病菌包围之后，仿佛力量也变得微弱，即使发出一些声响，喊出一些声音，也无法惊醒旁人，甚至不能伸手拉动唤醒他们。

从西北边远山村到经济文化中心、再到沿海城市，经历 10 年时间，我发现弱肉强食的自然竞争法则横行于世。越来越感觉人好像还不如那些自然竞争的动物，因为它们面临危难的时候，总有第三者插手搭救。而人则不然，只能等死，也只是等死。

吃饭等死，是现下很流行、很时尚的调侃。不仅很多人梦寐以求，更有很多人狂热追逐，无论是大学校园、企事业单位，这样的事情总是免不了。就是传播人文思想的地方也未能避免。这是什么病菌，我不敢确诊。自从我尝试和那些依靠欺骗钱财为生的人、眼里只看见金钱的人混到一起之后，我才隐隐察觉不适。

有个大学生，毕业后进了一家股票推荐公司。给他推荐这份工作的人就是他的亲姐姐。进入公司之后，很快他就知道这家公司所做的事情，就是骗人钱财，让人上当。说得不客气些，他姐姐的职业就是做“骗子”。知道自己要做骗子，而自己的姐姐一直在做骗子并且每月都要欺骗多人上当以得到丰厚的回报时，他的心里很坦然地接受了“骗子”这份工作。“大家都在骗，又不是我一个人在骗。”

这样的理由，或许可以让他心安理得地做骗子。当骗局被揭穿之后，这名大学生竟然正气凛然地说，你想干什么？为什么要揭穿这些？甚至愤慨地骂大街。理由其实很简单，就是他再不能做骗子，再不能去行骗了。在这家公司里，这样的年轻人很多，而在深圳，这类公司也很多。

还有这样的例子。一个 19 岁的女孩远离家乡来到这个城市。没有地方住，没有地方吃饭，也不曾想过去找一份踏实的工作，却整天想着如何发财，怎么才能够不付出艰辛的劳动就可以得到不菲的财富。追逐金钱，成为她和朋友乃至他们这个群体的目标，除了金钱以外，什么都不在意，名誉、身体、贞节以及道德都不重要，按照她的话说，“钱才是最重要的，没有钱，就不能生存。”

从卧底经历金股王公司骗术（一家推荐炒股软件企业，培养了数百名大学毕业生为业务精英，专门欺骗不懂股市的有资金炒股的股民），到致远网信的传销（一家专门针对工厂打工者进行欺骗的金钱游戏）与 e 科士威的网络传销（针对有时间、有资金、有一些文化的市民进行欺骗的金钱游戏），我和数以百计的成员交流“心得”发现，他们的眼中看到的就是一个字：“钱”。一是为生活所迫，他们需要金钱改善生活环境，让家人过得更好；二是这个世道已经离不开金钱，没有金钱，就不能生存，甚至不能死亡；三是这些年轻人认为，这样的欺骗不是骗，这样的欺骗并不是什么可耻的事情。

如今世上，“笑贫不笑娼”的事实，已被他们很残酷地认为，挣钱是他们目前最为重要的事情，礼仪、羞耻应该是吃饱喝足之后才考虑的事情。

为何金钱会成为年青一代的终极追逐目标呢？有人认为，逐利是人之本性，追逐利益没有什么不妥；有人以为，为了生存或者生活而逐利，乃是不得已而为之，完全可以理解；还有人以为，每个人都是为逐利而活，年青一代逐利也是必然，只是各自的方式不一样。我几经深思却不以为然。因为这

不是一个个案，而是现下年青一代的群体表现。

我认为，这是一种病态的表现，病根深植骨髓（思想）内，则外表显此行径。把脉诊问病根，我以为有两方面：其一，就是现下人没有心理与道德底线，缺乏信仰、缺乏敬畏。心里因为没有约束，自然也就变得浮躁与不安，理性与良知经常被潜伏在内心的兽性吞噬，欲望控制了人性善良的一面。其二，现下社会已经被人布置成了逐利场所，不论是生与死、行与住、学与长，同时被灌注了角逐利益的思维，因此，逐利变得名正言顺。

因为“三人为虎”之说，人们逐渐失去对于是非的判断，失去正常的逻辑推理，而被浮于表面且流行于世的现象所迷惑、蒙蔽，于是人云亦云，甚至盲目地跟随追逐，逐渐变成兽——一只只追逐利益和物欲的、狂热崇拜物质的怪兽。他们甚至坦然地以为，追逐物质、利益就是当然的事情；反之，没有物质，或者不能享受到那些奢华生活，是当下最为可耻的事情。于是，逐利成为人们生存的第一目标或者是最高目标。当对这些追逐物质的行为进行指责与产生质疑时，还会引来理直气壮的反问：“大家都这么做，为什么单单针对我呢？”“人人不都是在追逐利益吗？”

是呀，人人都在这么做，这样的追逐已经横行于世了，仅是对个别人的“挑剔”能够改变什么？又有谁不是这么追逐呢？不仅身陷其中者这么说，旁观者亦如此说。

为了满足自己的物质需求，或金钱、权力等物质欲望，便将自己视为物质欲望或金钱的奴隶。于是，关于“奴隶”的名词，一度流行于世，什么卡奴、房奴、车奴、钱奴等层出不穷，为了金钱、物质，礼节、荣辱皆被忽视。因为没有底线与敬畏，为人处事便只有逐利，为达到目的不惜一切手段，不计一切后果，不惜伤害任何人的健康与权益。

无论是在内地城市采访，还是在沿海城市暗访，多次与这些年轻人接触、交流，无论是刚毕业的大学生，还是新到城市的打工者、奔波在城市的小白领，他们一个个表露出来的观点就是获取利益。他们以为，在没有亲情系统支援的城市打拼，只有金钱是最可靠的，其他均不可信。什么友谊、爱情都是建立在物质基础上的产物，换言之，如果没有物质，那么爱情、友情不过是骗人的谎言。

一位大学生告诉我，考上大学，走进大学校门的时候，他也是一腔热血，满怀憧憬，有着很多关于考硕士研究生、考博士的梦想。进大学之后，看见同学之间在消费、男女朋友、穿着、首饰等方面攀比，傻眼了：“大学原来是这样的?!”第二年大家开始忙于恋爱，到第三年快毕业了，要找工作的时候，才发现大学几年自己什么都没有学到。再回头来想学习时，已经迟了。进校学习时间达到，谁管你学了多少东西？赶快走人还有后来者呢。

走出学校，金钱也就成为了努力的目标。什么世界观、人生观，人生价值、普世价值都成为人们讽刺的调料与笑柄。洁净的精神成为人们眼中的神话，甚至是荒诞的故事。

对于这样的分析，我自己都不满意，但事实让我不能不这样说。除了内心的约束之外，能够让人们变成现在这般模样的因素，还有制度的不完善。在目前的体制中，人不仅隐约有三六九等的划分，还有贫贱之分和待遇的分类。

首先就是人的生老病死，这是自然界的规律。

但生不起、死不起、病不起、老不起的说法流行坊间，因为目前的制度下，并没有将一般大众的生老病死纳入社会福利之中，而是让市场来决定，也可以说，将这些自然人的生存规律，无论是生病还是死亡，都规划成利益角逐的场地，让大家不得不面对成长之中必须面对的困难，也必须用那看似万能的金钱来处理。可以说，面对这些问题，离开金钱就是万万不能。当然，有一部分特殊的人不用考虑这些问题，因为制度已经安排了他们的生老病死。

严格地讲，一个自然人为了让自己活得更加健康，生活得更加完善，捍卫自然人的基本权利，对于物质的需要没有过错。只要不侵害他人的权利，不侵犯他人的财产利益。

但在一些机器的运转中，自然人的基本权利，本应该得到社会福利照顾的，却并没有完全落实下来，甚至这样的公共领域都充斥着钱权交易，成为逐利场。更多的人为了解决自然成长的问题，不得不面对金钱的压力，于是成为钱奴、卡奴，甚至理直气壮地成为物质和金钱的奴隶，甘心被物质与金钱控制、摆弄，自然就会舍弃良知，追逐金钱，甚至认为本来就没有什么道德底线，信仰的就是“金钱万能”。

除了生老病死之外，还有很多公共领域都已经成为逐利场所人们角逐的“糕点”。有人认为，就是因为制度存在的缺陷，人的病态一度在现实中暴露无遗。

我质疑自己，难道他人就没有发现这样的病菌吗？这等病态如此显眼，如此显著，早在20世纪80年代，就曾听到过“穷得只剩下钱”的呼吁，何以数十年之后，仍不见有治病良方呢？是奇药难寻？是无药可医？泱泱中华人才辈出，何以由我这般小子妄言？我百思不得其解：是智者世故地冷眼旁观？还是世俗者冷漠视之？我不得而知。

这般显眼病态，居然能够延续至今，不能不佩服人们的耐性与毅力超强。病在其中，坚忍数十年不说病、不治病，确非常人可比，甚至可称为可悲、可恨，丝毫不需要同情与怜悯。

对于那些医者来说，知其病不闻不问，可谓其心可诛、其德可灭、其志可夺。但也让人反思，为何医者不治其病？或许可以解释为病根就是医者下的毒，以达到驾驭或者驱使病人的目的。

我开始琢磨，久病成医，我应该有义务、有责任告诉大家怎么可以离开这病的根源。然而，如何医治这重症，我没有良策，于是便草书成文，求助众贤。